AF358442

COLLECTION

DES

MORALISTES ANCIENS.

COLLECTION

DES

MORALISTES ANCIENS,

DÉDIÉE AU ROI.

A PARIS,

Chez DIDOT L'AÎNÉ, Imprimeur du Clergé,
en surv. rue Pavée S. A.

Et DE BURE L'AÎNÉ, Quai des Augustins.

M. DCC. LXXXIII.

LES ENTRETIENS

MÉMORABLES

DE SOCRATE.

LIVRE III.

I.

Je vais raconter les avantages que les jeunes gens qui se portoient au bien trouvoient dans la société de Socrate, & combien il savoit ajouter encore à l'ardeur de leur zele.

Un certain Dionysidore, qui venoit d'arriver à Athenes, s'annonçoit pour donner des leçons dans l'art de commander les armées. Socrate n'ignoroit pas qu'un des jeunes-gens qui s'étoient attachés à lui aspiroit à se distinguer par la gloire des armes. Jeune homme, lui dit-il, il seroit honteux de prétendre à commander un jour les troupes de la république, sans apprendre l'art du commandement, sur-tout quand il se présente une si belle occasion de s'en instruire. Ce seroit mériter d'être puni plus sévèrement encore qu'un impudent qui demanderoit à faire des statues sans avoir reçu les principes de l'art. Dans les dangers de la guerre, toute la fortune de l'état est confiée au général : par sa bonne conduite il rend à sa patrie les plus grands services ; il lui fait le plus grand mal par ſes fautes. Comment ne seroit-il pas juſtement puni pour avoir osé briguer un emploi ſi délicat, ſans avoir daigné ſe rendre capable de le remplir ?

Ce diſcours engagea le jeune homme à ſe mettre sous la conduite de Dionyſidore. Après avoir pris ſes leçons, il vint revoir Socrate. Mes amis, dit le ſage en plaiſantant, vous ſavez qu'Homere en parlant d'Agamemnon lui donne le titre de reſpectable : ne trouvez-vous pas que ce jeune homme eſt plus reſpectable encore maintenant qu'il a appris l'art de commander les armées ? Car enfin celui qui sait jouer du luth eſt un joueur de luth même lorſqu'il n'en joue pas ; & quand on connoît l'art de la médecine, on n'en eſt pas moins médecin pour n'avoir pas actuellement de malades à guérir. Ainſi ce jeune homme a, dès à préſent, le caractere ineffaçable de général, quand on ne lui donneroit jamais d'armées à commander. Mais un homme qui ne ſauroit ni guérir les maladies, ni conduire les troupes, ne seroit ni général ni médecin, quand toutes les voix du monde entier ſe réuniroient en ſa faveur.

Puis adreſsant la parole au jeune homme : Comme il pourroit, lui dit-il, arriver à quelqu'un de nous d'avoir sous vos ordres un commandement ſubalterne, il seroit bon de ne nous pas laiſser dans toute notre ignorance. Faites-nous donc le plaiſir de nous rendre les premieres leçons que vous avez reçues. — Les premieres, répondit le jeune homme, ont été les mêmes que les dernieres : on m'a enseigné la tactique, c'est-à-dire l'art de ranger les troupes en ordre de bataille, & l'on ne m'a rien appris de plus. — Ce n'est là qu'une foible partie de l'art militaire : il faut encore qu'un général sache pourvoir à tous les besoins de l'armée ; qu'il ne laisse rien manquer au soldat ; qu'il soit riche en expédients, soigneux, patient, laborieux ; qu'avec une grande présence d'esprit il ait à la fois de l'indulgence & de la sévérité ; qu'il soit franc & rusé, habile à surprendre & à se tenir sur ses gardes, prodigue & rapace, aimant à donner, n'aimant pas moins à prendre, retenu tout enfemble & déterminé. Je pourrois détailler ici mille autres qualités naturelles & acquifes, toutes également néceffaires à un général.

Je ne dis pas que ce foit une foible gloire de favoir bien ranger les troupes : car il y a bien de la différence entre une armée bien rangée & des troupes en défordre. Jettez confufément des pierres, des briques, du bois, des tuiles ; vous ne ferez qu'un monceau bizarre & inutile. Mais fi l'on emploie, dans les fondements & fur les combles, les matériaux qui ne peuvent ni pourrir ni fe diffoudre par l'humidité, comme les pierres & les tuiles, & qu'on place au milieu les briques & les bois, fuivant la méthode des

atchitectes, on fait une chofe pré-
cieufe qu'on appelle un édifice. —
Ce que vous dites là, interrompit
le jeune homme, a le plus grand
rapport à l'art militaire; car on doit
placer aux premiers & aux derniers
rangs les meilleures troupes, & mettre au milieu le rebut de l'armée,
qui fe trouve ainfi conduit & pouffé
par les foldats d'élite.

A merveille, reprit Socrate. Mais
votre maître vous a-t-il appris à difcerner les bons & les mauvais foldats ? car, fans cela, quel ufage fe-
rez-vous de fes leçons ? Suppofons
qu'il vous eût dit d'arranger de l'argent, de mettre aux premiers & aux
derniers rouleaux les pieces de bon
aloi, & au milieu celles de billon,
comment vous en tireriez-vous fi

Tome II. B

vous ne faviez pas diftinguer la bonne & la faufse monnoie ? — Il ne m'a rien appris de cela ; c'eft à nous de diftinguer par nous-mêmes les bons & les mauvais foldats. — Eh bien ! que n'examinons-nous ce qu'il faudra faire pour n'y être pas trompés ? — J'y confens. — S'il s'agifsoit d'enlever des tréfors, ne ferions-nous pas bien de placer à la tête les foldats qui auroient le plus d'amour pour l'argent ? — Je le crois. — Où le danger eft le plus grand, n'eft-ce pas là qu'il faut placer ceux qui aiment la gloire ? — Sans doute, car ils ne demandent qu'à braver le péril fans autre récompenfe que l'honneur. Ceux-là ne sont pas difficiles à découvrir ; ils cherchent toujours à fe montrer.

— Enfin vous avez appris de votre maître à mettre une armée en ordre de bataille : mais il y a plusieurs manieres de la ranger; ne vous a-t-il pas appris sur quel terrein, dans quelle occasion, l'on doit préférer l'une à l'autre ? — Point du tout. — Cependant les circonstances différentes exigent un ordre différent. — Il ne m'a pas dit un mot de tout cela. — Retournez donc le trouver ; faites-lui les questions nécessaires. S'il sait l'art qu'il se mêle de professer, & que ce ne soit pas un impudent, il rougira de s'être fait payer & de ne vous avoir pas mieux instruit.

I I.

I L rencontra un jour un citoyen qui venoit d'être nommé général :

B ij

Savez-vous bien, lui dit-il, pourquoi Homere appelle Agamemnon le pasteur des peuples ? Je crois en voir la raison. Comme il est du devoir d'un pasteur de ménager la vie de ses troupeaux & de les mener sur de gras pâturages, c'est celui du général de ménager la vie de ses soldats, de leur procurer des munitions suffisantes, & de remplir l'objet qui a fait entreprendre la guerre. On ne renonce aux douceurs de la paix que pour vaincre ses ennemis & pour être plus heureux soi-même.

Pourquoi Homere fait-il cet éloge d'Agamemnon ?

Il étoit à la fois vaillant guerrier, bon prince.

Pour mériter le titre de vaillant guerrier, c'étoit trop peu de mon-

trer son courage dans les combats :
il étoit obligé par son rang d'en
inspirer à toute l'armée. Pour être
bon roi, c'étoit peu de se procurer
à lui-même les agrémens de la vie ;
il falloit encore qu'il fît le bonheur
de ses sujets. Un roi n'est pas élu
par ses peuples pour ne s'occuper
que de sa prospérité personnelle,
mais pour faire la félicité de ceux
qui l'ont choisi. Les peuples combattent pour ajouter à leur bonheur :
c'est pour obtenir cet objet de leurs
vœux qu'ils nomment des généraux.
Le devoir du général est de répondre à la confiance de ceux qui l'ont
proclamé. Remplit - il leurs vues ?
rien n'est plus glorieux : rien n'est
plus honteux que de tromper leur
espérance.

B iij

C'eſt ainſi qu'en recherchant quelle devoit être la vertu du chef d'une nation, Socrate faiſoit abſtraction de toutes les autres bonnes qualités, & bornoit tous ſes devoirs à rendre heureux le peuple qu'il commande.

III.

JE n'ai pas oublié l'entretien qu'il eut avec un homme qui venoit de recevoir le commandement de la cavalerie.

Pourriez - vous m'apprendre, jeune homme, lui dit-il, pourquoi vous avez recherché ce commandement? Ce n'étoit pas, ſans doute, pour marcher à la tête des cavaliers: c'eſt un honneur dont jouiſsent les archers à cheval; ils précedent même le commandant. — Vous avez raifon. — Ce n'étoit pas non plus pour vous faire connoître ; car perfonne n'eft plus connu que les fous. — Sans doute. — C'eft donc que vous efpériez faire des réformes utiles dans la cavalerie, & rendre, à la tête de ce corps, de grands fervices à l'état ? — Voilà tout mon objet. — Il eft bien glorieux fi vous pouvez le remplir. Enfin, on vous a donc élu pour commander les chevaux & les cavaliers ? — Précifément. — Fort bien. Dites-nous donc d'abord quelles sont vos idées pour rendre les chevaux d'un meilleur fervice. —— Cela ne me regarde pas : c'eft à chaque cavalier à prendre foin de fon cheval. — Et fi les uns vous amenent des chevaux qui n'aient ni jambes ni vigueur ; fi les

autres ont des chevaux fi mal nourris qu'ils n'aient pas la force de fuivre le corps, ou fi fougueux qu'ils
ne demeurent pas où vous les aurez
placés, ou fi rétifs que vous ne puif-
fiez même les mettre en rang ; comment, à la tête d'une cavalerie fi
mal montée, rendrez-vous de grands
fervices à la république ? — Vous
avez raifon, il faudra que je tâche
d'avoir l'œil fur les chevaux.

Mais n'établirez-vous pas auffi
des réformes avantageufes parmi
les cavaliers ? — N'en doutez pas.
— D'abord il faudra les habituer à
fauter plus leftement à cheval. —
Cela eft important ; car, s'il leur
arrive de tomber, ils fe remettront
plus vîte en felle, & rifqueront
moins de périr. — Et quand il s'a-

gira d'en venir aux mains, prierez-vous les ennemis de vouloir bien se rendre fur la place où vous avez coutume d'exercer vos troupes, ou n'efsaierez-vous pas d'exercer vos cavaliers dans toutes les pofitions, fur toutes les efpeces de terrein où il peut arriver de combattre ? — Voilà bien ce qu'il faudra faire. — Ne les accoutumerez-vous pas aufsi à lancer adroitement des javelots pour éclaircir les rangs des ennemis ? — Cela n'eft pas à négliger. — Il faudra piquer le courage des cavaliers, les animer contre l'ennemi : c'eft le moyen d'augmenter leur force. — Si j'ai manqué à cela jufqu'ici, je l'obferverai à l'avenir.

— Avez-vous aufsi pensé aux moyens de vous faire obéir ? Ayez la troupe la plus courageuse, la mieux montée; vous n'en ferez rien sans discipline. — Votre observation est bien juste : mais quel est le meilleur moyen de plier mes cavaliers à l'obéissance ? — Vous avez pu remarquer qu'en toute occasion, pour se soumettre les hommes, il faut leur montrer de la supériorité. Est-on malade, par qui se laisse-t-on conduire ? par ceux qui passent pour avoir le plus de connoissance en médecine. Doit-on s'embarquer ? on cherche le meilleur pilote. A-t-on des terres à faire valoir ? on se pourvoit du plus habile laboureur. — Cela est vrai. — A qui donc les cavaliers obéiront-ils de meilleur cœur, si ce n'est à celui qui réunira le plus de connoissances nécessaires à la cavalerie ? — Il suffira donc, pour m'en faire obéir, de leur prouver que je l'emporte sur eux en connoissances ? — Oui, pourvu que vous leur ayez aussi prouvé qu'il est de leur honneur & de leur intérêt de vous obéir. — Eh ! comment leur apprendrai-je cela ? — Vous seriez bien plus embarrassé s'il falloit leur apprendre que le mal est préférable au bien, & procure plus d'avantages.

— Mais il résulte de vos observations qu'un commandant de cavalerie doit avoir le talent de la parole. — Espériez-vous donc commander la cavalerie sans parler ? N'avez-vous donc pas remarqué que les plus belles connoissances, celles que nous prescrivent les loix,

celles qui nous donnent les principes qui doivent régler notre vie,
nous ont été communiquées par la
parole ? S'il est quelqu'autre science
digne de notre estime, c'est par la
parole que nous la recevons : c'est la
parole que sont obligés d'employer
ceux qui nous instruisent ; & les
sages qui possedent le mieux les
connoissances les plus utiles, sont
en même temps ceux qui savent le
mieux en parler. — J'en conviens.

— Quand on envoie d'Athenes
à Délos un chœur de musiciens, ne
vous êtes - vous pas apperçu qu'il
n'est aucun pays où l'on pût rassem-
bler autant de belles voix ? N'avez-
vous pas aussi remarqué qu'aucune
ville ne fournit autant de beaux
hommes ? — Cela est vrai. — Mais

ne croyez pas que nos Athéniens ne l'emportent fur les autres nations que par la beauté de la voix, ou par la force & les belles proportions du corps : ils ne s'en diftinguent pas moins par l'amour de la gloire qui les excite aux grandes çhofes. — C'eft encore une vérité dont il faut convenir. — Et ne croyez-vous pas auffi que notre cavalerie l'emporteroit fur toutes les autres par le choix & l'entretien des armes & des chevaux, par la juftefse des évolutions, par l'ardeur de fe précipiter dans le danger, fi l'on prenoit la peine de lui perfuader qu'elle obtiendroit des éloges & fe couvriroit de gloire? — Cela eft vraifemblable. — Eh bien, que tardez-vous? Engagez votre troupe à vous faire honneur en fer-

Tome II. C

vant bien la patrie. — Du moins n'épargnerai-je pas mes efforts.

IV.

Il vit un jour Nicomachide qui ſortoit de l'aſſemblée du peuple. Eh bien, mon cher Nicomachide, lui dit-il, quels ſont les généraux qu'on vient de nous donner? — Ah! Socrate, les Athéniens n'ont garde de m'élire, moi qui ai ſi bien ſervi pendant tant d'années, qui ai commandé tantôt des compagnies, tantôt des cohortes; moi qui ai reçu tant de bleſſures! Tout en diſant cela il ôtoit ſon habit & montroit les cicatrices dont il étoit couvert. Devinez, continua-t-il, le beau choix qu'ils ont fait. Ils ont élu Antiſthene, lui qui n'a jamais ſervi dans l'infanterie, qui ne s'eſt jamais diftingué dans la cavalerie, qui n’a d’autre habileté que d’amafser de l’argent.

— Mais vraiment cette habileté-là n’eft pas méprifable. Il faura mieux qu’un autre trouver des fonds, & fon armée ne manquera de rien. — Des marchands sont capables d’en faire autant : en eft-ce donc afsez pour qu’on les mette à la tête des armées ? — Mais Antifthene aime à remporter la victoire, & c’eft une qualité nécefsaire à un général. Ne favez-vous pas qu’il n’a jamais été chargé par fa tribu de diriger les chœurs des muficiens fans leur avoir fait gagner le prix ? — Eh ! quel rapport y a-t-il entre une armée & des chœurs de mufique ? — Ne voyez-vous pas qu’Antifthene ne sait pas chanter, qu'Antiſthene ignore abſolument la ſcience des chœurs, & qu'il a eu l'art de choiſir les meilleurs muſiciens ? — Il trouvera donc auſſi à l'armée des gens qui mettront pour lui les troupes en ordre de bataille, des gens qui combattront pour lui ? — Il eſt certain que s'il a le talent de trouver, de choiſir les meilleurs guerriers, comme il a eu celui de choiſir les meilleurs muſiciens, il l'emportera, du moins dans cette partie, ſur les autres généraux. Il n'a pas épargné la dépenſe pour triompher avec ſa tribu dans les combats de muſique; il faut croire qu'il la regrettera moins encore pour remporter ſur les ennemis une victoire dont il partagera les honneurs avec toute ſa nation.

— Il réfulte de votre difcours que le même homme qui dirige bien les chœurs de mufique, faura tout auffi bien commander les armées. — Il en réfulte du moins qu’un homme qui, dans tout ce qu’il entreprend, connoît ce qu’il faut, & qui a l’art de fe le procurer, faura diriger des chœurs de mufique, régler une maifon, commander une armée, gouverner un état.

— En vérité, Socrate, je ne m’attendois pas à vous voir établir qu’un bon maître de maifon fût auffi un bon général. — Eh bien, recherchons quels sont les devoirs de l’un & de l’autre : nous verrons s’ils sont les mêmes, ou s’il fe trouve entre eux des différences efsentielles. — Fort bien. — N’eft-il pas d’abord du devoir de tous deux de tenir dans l'obéissance, dans le bon ordre, ceux qui leur sont soumis ? — Assurément. — Ne doivent-ils pas imposer à chacun ses fonctions ? — Sans doute. — Je crois qu'ils sont également obligés de punir les méchants, de récompenser ceux qui remplissent leurs devoirs. — Oui. — Ne feront-ils pas bien l'un & l'autre de gagner les cœurs de ceux qui leur sont subordonnés ? — Sans difficulté. — N'ont-ils pas intérêt de se faire des amis dont ils puissent employer les secours ? — Rien ne peut leur être plus avantageux. — Tous deux ne doivent-ils pas être en garde contre les événements ? — Qui pourroit en douter ? — Enfin, dans leurs fonctions différentes, ne doivent-ils pas être également attentifs & infatigables ? — J'avoue que, dans tout cela, les rapports sont frappants : mais il faut qu'un général combatte, & voilà la différence.

Eh quoi ! reprit Socrate, tous deux ne peuvent-ils pas avoir des ennemis ? — Sans doute. — Ils ont donc le même intérêt à l'emporter sur eux. — Certainement : mais, sans parler de cela, de quelle utilité sera la science économique lorsqu'il s'agira de combattre ? — De la plus grande utilité. Un bon économe sait que rien n'est plus utile, plus profitable, que de remporter la victoire sur ses ennemis ; rien de plus nuisible, de plus ruineux, que d'être vaincu. Il mettra donc toute son intelligence à chercher, à raſſembler les moyens de vaincre. Il n'examinera pas avec moins d'attention ce qui pourroit occaſionner ſa défaite; il aura soin de s'en garantir. Verra-t-il qu'il a tout ce qu'il faut pour s'aſſurer la victoire? il ne craindra pas de combattre. Quelque choſe lui manque-t-il encore? il ne riſquera pas l'action. Mon cher Nicomachide, ne mépriſez pas les bons économes. Les affaires d'un particulier sont moins nombreuſes que les affaires publiques : voilà toute la différence. L'eſſentiel, c'eſt que les unes & les autres ne peuvent ſe traiter que par des hommes : ce sont les mêmes hommes qui régiſſent les affaires de l'état & celles des particuliers ; & celui qui a montré ſes talents dans les affaires privées eſt souvent choiſi pour gouverner celles de la république.

En un mot, quand on sait bien employer les hommes, on eſt capable de bien régir les affaires d'un particulier & celles de toute une nation : mais, dans les unes & les autres, ce talent manque-t-il ? on ne fait que des fautes.

V.

SOCRATE eut un entretien avec Périclès, fils du célebre Périclès. J'eſpere, lui dit-il, que, ſi vous commandez un jour nos armées, la république fera la guerre avec plus de ſuccès & plus de gloire, & que nous la verrons victorieuſe de ſes ennemis. — Je voudrois bien, répondit le jeune Périclès, confirmer vos espérances : mais je ne vois pas même par quel moyen je pourrois les remplir. — Eh bien, raisonnons là-dessus, & voyons comment vous pourriez ne les pas tromper. — Rien ne peut m'être plus agréable.

— Vous savez que le peuple d'Athenes n'est pas moins nombreux que celui de la Béotie ? — Je le sais. — Où croyez-vous qu'on puisse lever de plus belles troupes ? est-ce dans l'Attique ou dans la Béotie ? — Notre patrie ne paroît pas le céder non plus en ce point. — Chez lequel des deux peuples voyez-vous mieux regner la concorde ? — Chez les Athéniens : car les Béotiens sont mal disposés envers ceux de Thebes, qui ne cherchent qu'à les opprimer.

Je ne vois rien de semblable dans notre république. Mais on ne connoît pas de peuple ni plus ambitieux, ni plus obligeant que les Béotiens : & ce caractere porte les hommes à braver les périls pour acquérir de la gloire & servir leurs concitoyens & leur patrie. — Aussi ne dira-t-on pas que ces qualités manquent aux Athéniens. D'ailleurs, est-il un peuple qui puisse se rappeller un plus grand nombre de belles actions qui aient illustré ses ancêtres ? Ce souvenir éleve les citoyens au-dessus d'eux-mêmes, enflamme leur courage, & les excite à la vertu.

— Cela est vrai, Socrate. Mais vous voyez que depuis la malheureuse affaire de Lébadie, où mille hommes périrent avec Tolmide, &

depuis la défaite d'Hippocrate, qui reçut la mort en combattant devant Délium, notre gloire s'est humiliée devant celle des Béotiens, qui ont commencé dès lors à nous braver. Autrefois les Béotiens n'osoient nous résister, même sur leurs frontieres, sans le secours des Lacédémoniens & des autres peuples du Péloponese : contents aujourd'hui de leurs propres forces, ils menacent de se jetter sur l'Attique. Autrefois, quand nous n'avions que les Béotiens pour ennemis, nous portions la désolation jusques dans le sein de leurs foyers : & nous craignons aujourd'hui de leur voir ravager nos campagnes. — Je sais tout cela, & c'est cela même qui me persuade que notre république obéira plus volontiers à un général digne de la conduire. La confiance engendre la langueur, l'indolence & l'indiscipline : la crainte rend les hommes plus vigilants, plus soumis, plus fideles au bon ordre. Nous en voyons la preuve dans les matelots : tant qu'ils ne craignent aucun danger, ils s'abandonnent au désordre ; quand ils apperçoivent la tempête, quand ils sont en préfence de l'ennemi, ils obéifsent à la voix de celui qui les commande, ils attendent fes ordres dans le plus profond filence, comme des chanteurs fe reglent fur la voix du maître de mufique.

VI.

Si l'on peut efpérer que les Athéniens fe foumettent à la difcipline, reprit le jeune Périclès, voyons donc

Tome II.　　　　　D

comment on pourroit leur rendre l'énergie qu'ils ont perdue, les rappeller à la vertu de leurs ancêtres, à leur premiere gloire, à leur ancienne profpérité. — Quel moyen trouveriez-vous le plus capable de leur faire revendiquer des richeffes qui seroient en d'autres mains ? Ne seroit-ce pas de leur montrer qu'elles ont appartenu à leurs peres, & qu'ils doivent les regarder comme leur patrimoine ? Nous voulons les élever au-deffus de tous les autres peuples par la vertu : il faut donc leur montrer que cette premiere place leur appartenoit dès l'antiquité la plus reculée, & qu'en cherchant à la reprendre, ils fe mettront au-deffus de toutes les autres nations. — Et comment leur donner une inftruction si utile? — En rappellant à leur mémoire les belles actions de leurs ancêtres dont ils ont entendu célébrer la vertu.

Voulez-vous parler, dit Périclès, de ce fameux différend qui s'éleva parmi les dieux sous le regne de Cécrops, lorsqu'ils reconnurent les Athéniens pour juges de leur querelle? — Sans doute : je veux parler aussi de la naissance & de l'éducation d'Erechthée, & des guerres que, du temps de ce prince, ils soutinrent contre tous leurs voisins; de celle qu'ils eurent avec les peuples du Péloponese du temps des Héraclides, & de toutes celles qu'ils firent sous la conduite de Thésée. Dans toutes, ils se montrerent les plus valeureux des hommes.

Aux grandes actions de ces héros, vous pouvez encore ajouter les exploits de leurs neveux, qui se rapprochent bien plus de nos jours. Représentez-les tantôt combattant avec leurs seules forces ces fiers dominateurs de l'Asie entiere qui étendoient leur puissance en Europe jusqu'à la Macédoine, & reculant les limites de leur empire bien au-delà des bornes qu'avoient connues leurs ancêtres ; tantôt se couvrant de gloire sur terre & sur mer avec le secours des peuples du Péloponese, qui jouissoient alors eux-mêmes d'une si haute réputation de valeur. Il faut aussi raconter qu'il s'est fait un grand nombre d'émigrations dans la Grece, sans que les peuples de l'Attique aient ja-

mais abandonné leur pays ; que plusieurs nations, qui disputoient ensemble de leurs droits, se sont sou-
mises au jugement des Athéniens ;
& que d'autres, opprimées par la
force, ont eu recours à leur protec-
tion.

Je ne puis concevoir, reprit Périclès, comment notre république,
brillante alors d'un tel éclat, est
tombée dans une telle décadence.
— Ne voyez-vous pas, répondit
Socrate, que les hommes qui l'emportent trop aisément sur les autres
par la supériorité de leurs forces,
s'abandonnent à une folle confiance, tombent dans l'engourdisse-
ment, & finissent par ne pouvoir
résister à leurs adversaires ? C'est
parceque les Athéniens se sont enor-

gueillis de leur puiſsance, qu'ils sont
tombés dans la langueur, & qu'ils
ont dégénéré de leur premiere vertu. — Et comment pourront-ils la
recouvrer ? — Par un moyen qui
ſe préſente de lui-même. Qu'ils étu-
dient, qu'ils reprennent les mœurs
de leurs ancêtres, qu'ils n'y ſoient
pas moins fortement attachés que
ne l'étoient leurs peres ; ils ne leur
céderont pas en vertu. Sont-ils incapables d'un ſi généreux effort ?
qu'ils imitent du moins les peuples
dont ils éprouvent aujourd'hui la
puiſsance ; qu'ils empruntent leurs
inſtitutions, qu'ils ne les ſuivent pas
avec moins de zele, ils ceſseront
bientôt de leur être inférieurs ;
qu'ils redoublent de soins, ils les
auront bientôt ſurpaſsés.

C’eft dire afsez, repartit Périclès, que notre république sera long-temps encore bien éloignée de la vertu. Quand verrons-nous nos citoyens, à l’imitation des Spartiates, refpecter les vieillards, eux qui, pour mieux s’affermir dans le mépris pour l’âge avancé, commencent par méprifer leurs peres ? Quand chercheront-ils à fe fortifier par l’exercice, eux qui, non contents de négliger leurs forces, tournent en ridicule ceux qui cherchent à en acquérir? Quand obéiront-ils à leurs magiftrats, eux qui fe font gloire de les méprifer ? Quand agiront-ils d’un commun accord, eux qui, loin de fe réunir pour leurs propres intérêts, ne cherchent qu’à fe nuire, & portent plus d’envie à leurs propres concitoyens qu'aux étrangers & aux ennemis ; eux qu'on ne voit pas moins divisés dans les aſsemblées de famille que dans celles de la nation , qui s'intentent chaque jour de nouveaux procès, & qui aiment mieux les profits qu'ils peuvent faire en ſe nuiſant les uns aux autres, que s'ils les devoient à leurs ſecours mutuels ? La république leur devient étrangere ; ils ſe combattent pour en obtenir les emplois : mais les premieres places leur ſembleroient indignes de leurs vœux, s'ils ne les devoient pas à la violence. De là l'ignorance, la malignité, les cabales, les haines ; & je crains bien de voir l'état plongé dans une ſource de maux qu'il n'aura pas la vigueur de ſupporter.

VII.

Ah! mon cher Périclès, n'exa-
gérez pas la corruption de nos chers
Athéniens, & ne croyez pas que
leurs maux foient incurables. Ne
voyez-vous pas le bon ordre qui
regne parmi nos rameurs? N'avez-
vous pas remarqué combien, dans
les jeux gymniques, les combattants
sont foumis à leurs chefs, & comme, dans les chœurs de chants, les
muficiens obéifsent au maître qui
les conduit? — On peut, fans doute,
être furpris que de telles gens fe fafsent remarquer par leur fubordina-
tion, & que les guerriers, qui doivent tenir les premiers rangs entre
les citoyens, ne fe diftinguent que
par leur indifcipline. — Mais ce
sont aufli des hommes d'un rang

ſupérieur qui compoſent l'aréopage : connoiſsez-vous un tribunal qui ſe comporte, à tous égards, avec plus de dignité, qui mette plus d'honneur, plus d'équité dans tous ſes jugements, qui obſerve plus religieuſement les loix, qui diſcute avec plus de ſcrupule les cauſes qui lui sont confiées, qui rempliſse enfin avec plus d'éloge toutes ſes fonctions ? — J'avoue que je ne trouve rien à lui reprocher. — Il ne faut donc pas déseſpérer des Athéniens comme s'ils étoient tout-à-fait incapables de conduite & de bon ordre. — Mais c'eſt préciſément à la guerre que la tempérance, l'ordre & la diſcipline sont le plus néceſsaires, & c'eſt là qu'ils ſe piquent de ne connoître aucune de ces vertus.

— Il faut peut-être, mon cher Périclès, en rejetter la faute fur l'ignorance des généraux. Vous voyez que perfonne ne fe préfente pour commander aux joueurs de luth, aux chanteurs, aux danfeurs, aux athletes, fans avoir acquis le talent nécefsaire pour les diriger ; tous peuvent nommer le maître dont ils ont pris les leçons : mais la plupart des généraux le deviennent fubitement & fans maîtres. Je ne crois pas que vous méritiez ce reproche ; & vous diriez aufli bien le temps où vous avez commencé à vous inftruire dans l'art de la guerre, que celui où vous avez commencé à vous exercer à la lutte. Non content de conferver les principes que vous a donnés votre pere, vous avez

raſſemblé de toutes parts des lumieres qui ne manqueront pas de vous
être utiles. Je suis perſuadé que vous
réfléchiſsez ſouvent ſur votre métier, curieux de ne laiſser échapper
aucune des connoiſsances qui peuvent y être néceſsaires. Si vous vous
appercevez qu'il vous en manque
quelques unes, vous interrogez les
perſonnes les plus inſtruites ; vous
n'épargnez ni préſents ni bienfaits
pour apprendre d'elles ce que vous
ignorez, & pour vous attacher des
hommes capables de vous seconder.
— Je vous entends, Socrate. Vous
ne me ferez pas accroire que vous
me jugiez digne de tant d'éloges ;
vous ſavez trop bien que je ne me
suis pas donné toutes les peines
dont vous parlez : mais, par ce tour

adroit, vous m'apprenez qu'on ne doit prétendre au commandement qu'après fe les être données.

J'en veux bien convenir avec vous, reprit Socrate. Mais continuons. Avez-vous remarqué que, fur nos frontieres, s'étendent de hautes montagnes qui dépendent de la Béotie, & qui ne permettent d'entrer dans nos plaines que par des défilés étroits & difficiles, entourés de roches inacceffibles ? — Afsurément. — N'avez-vous pas entendu dire que les Myfiens & les Pifidiens occupent dans la Perfe des contrées défendues par la nature, & qu'armés à la légere, ils font par leurs incurfions beaucoup de mal au pays du grand roi, & confervent eux-mêmes la liberté ? — J'en ai entendu parler. — Ne penſez-vous donc pas que ſi les Athéniens s'emparoient des montagnes qui les ſéparent de la Béotie, & qu'ils y envoyaſsent une jeuneſse agile & légèrement armée, ils feroient beaucoup de mal à leurs ennemis, & formeroient un puiſsant rempart en faveur de leurs concitoyens? — Je n'en doute pas, & il seroit très avantageux de ſuivre vos projets. — Puiſqu'ils vous plaiſent, jeune homme, travaillez à les mettre un jour en exécution. Quand un ſeul réuſſiroit, vous en tireriez de la gloire, vous rendriez ſervice à l'état : ſi la fortune refuſe de vous seconder, vous ne serez pas du moins la honte de votre pays, vous n'aurez pas à rougir de vous-même.

VIII.

Il prit en fantaisie à Glaucon, fils d'Ariston, de parler dans l'assemblée du peuple, quoiqu'il n'eût pas encore vingt ans : il ne visoit pas à moins qu'au gouvernement de l'état. Les railleries ne lui étoient pas épargnées ; on lui faisoit même quelquefois l'affront de l'arracher de la tribune. Tout cela étoit inutile : ses amis, ses parents, ne pouvoient le guérir de sa folie. Socrate, qui lui vouloit du bien par amitié pour Charmide & pour Platon, parvint seul à le rendre plus sage. Se trouvant un jour avec lui, il prit le moyen le plus adroit de s'en faire écouter.

Vous avez donc envie, mon cher Glaucon, lui dit-il, de prendre en

main les rênes de notre république ?
— Il eſt vrai, répondit Glaucon. —
De tous les projets qu'un homme
puiſse former, c'eſt le plus beau,
ſans doute : car, ſi vous parvenez
à le remplir, vous n'aurez pas de
deſirs que vous ne puiſſiez ſatisfaire ; il vous sera facile d'obliger
vos amis, d'élever votre propre
maiſon, & d'augmenter la puiſſance de votre patrie. D'abord vous
vous ferez le plus grand nom dans
l'état ; bientôt votre gloire s'éten-
dra dans toute la Grece, & peut-
être même, comme celle de Thémiſtocle, parviendra-t-elle juſques
chez les barbares. En quelque en-
droit que vous vous trouviez, tous
les regards ſe porteront ſur vous.

Ces paroles chatouilloient la vanité de Glaucon, & le plaiſir de les entendre l'arrêtoit auprès de Socrate. Pendant qu'il en ſavouroit la douceur, celui-ci continua en ces termes : Vous voulez que la république vous accorde des honneurs, mon cher Glaucon ; il eſt un moyen ſûr d'en obtenir ; c'eſt de lui être utile. — Je le sais. — Au nom des dieux, n'ayez pas pour moi de ſecret : quel eſt le premier ſervice que vous comptez lui rendre ?

Glaucon gardoit le ſilence, cherchant en lui-même quelle réponſe il pourroit faire : mais Socrate voulut bien ne pas faire durer ſon embarras. Si vous vouliez, lui dit-il, rendre plus floriſsante la maiſon d'un de vos amis, vous chercheriez les moyens d'augmenter ſa fortune :

E iij

ne tâcherez-vous pas auſſi d'aug‑
menter les richeſſes de la républi‑
que? — C'eſt à quoi je n'ai garde
de manquer. — Le moyen de la
rendre plus riche, n'eſt-ce pas de
lui procurer de plus grands revenus?
— Cela eſt clair. — Eh! quels ſont
les objets d'où ſe tirent à préſent les
revenus de l'état? à combien peu‑
vent-ils monter? Je ſuis bien ſûr
que vous en avez fait une étude :
car, ſans cela, comment ſuppléer aux
produits qui ſe trouveroient trop
foibles, & remplacer ceux qui vien‑
droient à manquer? — Voilà, en
vérité, une choſe à laquelle je n'a‑
vois pas même ſongé. — Puiſque
cela vous eſt échappé, dites-nous
au moins quelles ſont les dépenſes
de l'état : il faut bien que vous en

ayez pris connoiſsance, pour ſup-
primer celles qui sont inutiles. —
Je ne ːːe suis pas plus occupé des
dépenſes que des revenus. — Re-
mettons donc à un autre temps
notre magnifique projet d’enrichir
la patrie : nous ne pouvons y parvenir, ſi nous ne connoiſsons ni ſes
revenus ni ſes dépenſes ?

Mais, Socrate, vous ne parlez
pas d’un autre moyen d’enrichir la
république ; c’eſt de lui procurer
les dépouilles de ſes ennemis. —
Oh ! cela eſt bien vrai : il ne faut
même pour cela que ſe rendre plus
puiſsant qu’eux ; car, ſi l’on étoit
plus foible, on ne feroit que ſe rui-
ner. — J’en conviens. — Celui qui
forme le deſsein d’entreprendre une
guerre eſt donc obligé de bien con-

noître la force de sa nation & celle
des ennemis. S'il voit que sa patrie
est la plus forte, il lui conseille de
prendre les armes : s'il reconnoît
qu'elle est la plus foible, il lui persuade de ne rien hasarder. — On
ne peut mieux parler. — Dites-
nous donc d'abord quelles sont nos
forces de terre & de mer ; quelles
sont celles de nos ennemis. — C'est
une question à laquelle je ne saurois
répondre sur - le - champ. — Mais
vous avez du moins là-dessus quelques mémoires : faites-moi le plaisir
de me les communiquer. Je serai
fort aise de m'instruire sur cet objet. — Non, en vérité, je n'ai rien
écrit. — Nous ne nous presserons
donc pas de délibérer sur la guerre.
J'avoue que c'est un article dont

les détails sont immenſes : c'eſt ce qui vous a empêché d'en faire votre étude dès les premiers temps de votre adminiſtration.

· Mais je vois bien, ajouta-t-il, que vous avez pris des meſures pour la défenſe du pays : vous ſavez quelles garniſons sont néceſsaires, quelles autres ne le sont pas ; les unes sont trop nombreuſes, les autres trop foibles ; rien de cela n'a pu vous échapper. Vous augmenterez celles qui ne sont pas aſsez fortes, vous retirerez celles qui ne sont pas néceſsaires. — Pour moi, je suis d'avis de les retirer toutes : car, à la maniere dont elles gardent le pays, on peut dire que l'ennemi n'y feroit pas plus de ravage. — Mais ſi le pays n'eſt plus gardé, vous sentez bien qu'il va devenir la proie du premier qui voudra s'en saisir. D'ailleurs, avez-vous visité vous-même les garnisons ? ou comment savez-vous qu'elles font si mal leur devoir ? — Je le soupçonne. — Des soupçons ne suffisent pas : quand nous aurons quelque chose de plus que des conjectures, nous proposerons au peuple de supprimer les garnisons. — Ce sera peut-être ce qu'on pourra faire de mieux.

Je sais, ajouta Socrate, que vous n'avez pas visité les mines d'argent. Il seroit bon cependant que vous pussiez dire pourquoi elles rapportent moins qu'elles ne faisoient autrefois. — Il est vrai que je n'y ai pas encore été. — On dit que l'air en est mal sain : c'est une fort bonne

excuse que vous pourrez donner
quand il s'agira de délibérer sur cette
partie. Mais je suis sûr du moins que
vous avez soigneusement examiné
combien de temps le blé qu'on re-
cueille dans le pays peut nourrir la
ville, & combien on en consomme
de plus chaque année. Si vous n'é-
tiez pas instruit là-dessus, nous ris-
querions fort d'éprouver la disette :
mais, avec les connoissances que
vous avez acquises, vous saurez
prévenir nos besoins, & nous vous
devrons notre conservation.

Mais, Socrate, on ne finiroit
jamais, s'il falloit entrer dans tous
ces détails. — Cependant on n'est
pas même capable de gouverner sa
maison, si l'on n'en connoît pas les
besoins, si l'on ne sait pas les moyens

d'y subvenir. Notre ville contient plus de dix mille maisons, & ce n'est pas une chose aisée que de vouloir les gouverner toutes. Que n'avez-vous essayé d'abord de relever la maison de votre oncle ? elle en a bon besoin. Après avoir rétabli ses affaires, vous vous seriez élevé à de plus grandes choses. Si vous ne pouvez rendre service à un seul homme, comment pourrez-vous être utile à tout un peuple ? Quand on ne peut soulever un fardeau de cent livres, il ne faut pas essayer de porter une charge encore plus pesante. — Je n'aurois pas manqué non plus de rendre de grands services à mon oncle ; mais il n'a pas voulu m'écouter.

Comment ! reprit Socrate, vous

n'aurez pu vous faire écouter de
votre oncle, & vous serez capable
de soumettre à vos volontés tous
les Athéniens, & votre oncle lui-
même qui en fait partie ! Prenez-y
garde, mon cher Glaucon : vous
recherchez la gloire ; craignez de
vous attirer tout le contraire. Ne
voyez-vous pas combien il est dan-
gereux de parler de ce qu'on ne sait
pas, d'entreprendre des choses dont
on n'a pas même les principes ?
Voyez ceux qui parlent, qui agis-
sent sans savoir : vous paroissent-ils
obtenir des éloges ? ou ne sont-ils pas
accablés de reproches ? Trouvez-
vous qu'on les respecte ? Non ; ils
sont couverts de mépris. Regardez
les hommes sages ; ils ne disent pas
un mot, ils ne font pas une action

fans bien connoître les conséquen-
ces de ce qu'ils font, la force de ce
qu'ils difent. Vous verrez que, dans
toutes circonftances, ceux qui réunifsent les fuffrages, qui s'attirent
l'admiration, sont précisément les
hommes les plus éclairés, & que les
ignorants ne recueillent que de la
honte & de l'opprobre. Vous aimez
la gloire ; vous voulez vous faire
admirer de votre patrie : travaillez
à vous inftruire avant que d'entreprendre. Quand vous l'emporterez
fur les autres par vos lumieres, en-
trez alors dans les affaires de l'état :
je ne serai pas étonné que, fans
beaucoup de peine, vous ayez les
plus grands fuccès.

I X.

SOCRATE regardoit Charmide,

fils d’un autre Glaucon, comme un homme d’un mérite diftingué : il lui trouvoit bien plus de talents qu’à aucun des citoyens qui fufsent alors dans les grands emplois. Fâché de voir qu’il n’osât ni porter la parole devant le peuple, ni prétendre aux dignités publiques, il lui parla en ces termes :

Dites-moi, mon cher Charmide, fi quelqu’un étoit capable de gagner les couronnes dans les jeux de la Grece, d’acquérir de la gloire pour lui-même, & de donner un nouvel éclat à fa patrie, & que cependant il refusât de combattre, quel nom lui donneriez-vous ? — Il eft clair que ce seroit un lâche & un efféminé. — Et s’il exiftoit un citoyen qui eût le talent des grandes affaires, qui fût capable, s'il vouloit s'en charger, de bien servir l'état & de se couvrir lui-même de gloire, & qu'il aimât mieux languir dans l'oisiveté, ne mériteroit-il pas le même nom ? — Peut-être. Mais pourquoi me faire cette question ? — C'est que je vous crois des talents ; c'est que je vous vois redouter les affaires ; c'est enfin que vous êtes obligé d'y prendre part en qualité de citoyen. — Eh ! quelles preuves avez-vous de ma capacité, pour me parler ainsi ? — Vos entretiens avec nos magistrats. Vous communiquent-ils quelques affaires ? je vois que vous leur donnez de bons conseils : font-ils des fautes ? je m'apperçois qu'elles ne vous échappent pas.

— Il est bien différent, Socrate,

de foutenir des entretiens particuliers, ou de parler devant une multitude. — Cependant, quand on sait
calculer, on peut aussi bien dresser
un compte sous les yeux d'une foule
de spectateurs que dans la solitude;
& les musiciens qui jouent le mieux
du luth quand personne ne les é-
coute, l'emportent en public sur
tous leurs rivaux. — Ignorez-vous
donc que la honte & la timidité sont
naturelles à l'homme, & qu'elles
prennent sur nous bien plus d'empire dans les assemblées publiques
que dans les entretiens particuliers?
— Eh bien, je vais vous montrer
que ce ne sont pas les plus sages des
citoyens, que ce ne sont pas les per-
sonnages les plus puissants de l'état
qui vous intimident; mais que vous

rougifsez de parler devant la partie la plus foible, la moins éclairée de la nation.

Quels sont en effet ces juges redoutables qui vous en impofent ? des foulons, des cordonniers, des maçons, des chaudroniers, des laboureurs, de petits marchands, des colporteurs, des brocanteurs : car voilà les graves perfonnages qui compofent l'afsemblée du peuple. Je crois voir un favant maître d'efcrime qui craindroit de fe mefurer avec un ignorant. Vous parlez avec facilité devant les plus illuftres citoyens ; plufieurs d'entre eux affectent pour vous peu d'eftime fans pouvoir vous intimider ; vous l'emportez fur ceux qui font leur état de parler en public : & vous craignez de

vous faire entendre devant une multitude qui ne s'eſt jamais occupée
des affaires d'état, & qui eſt bien
loin d'avoir pour vous du mépris!
Vous craignez peut-être qu'elle ne
vous tourne en ridicule?

Eh! ne voyez-vous pas en effet,
Socrate, que, dans les aſsemblées
du peuple, on ſe moque ſouvent
de ceux qui parlent le mieux? —
Et ces hommes importants que vous
fréquentez ne raillent donc jamais?
En vérité, je vous admire! Vous
qui ſavez ſi bien repouſser leurs
railleries, vous croyez n'avoir aucun moyen de vous meſurer avec
la populace! O mon eſtimable ami!
apprenez à vous rendre juſtice. Ga-
rantiſsez-vous d'un défaut qui eſt
celui de la plupart des hommes : ils

ſcrutent d'un œil curieux les actions des autres, & ne s'aviſent jamais de s'examiner. Cette indolence eſt indigne de vous. Employez toute votre énergie à vous conſidérer, à vous connoître ; & ſi vous pouvez rendre quelque ſervice à votre patrie, ne l'abandonnez pas. Le bien qu'elle recevra de vous ſe répandra ſur tous les citoyens, ſur vos amis & ſur vous-même.

X.

ARISTIPPE, que Socrate avoit quelquefois réduit au ſilence, avoit bien envie de l'embarraſser à ſon tour par des queſtions captieuſes. Socrate ne répondit pas en homme qui ſe tient ſur ſes gardes, & qui craint que ſes paroles ne ſoient interverties. Il avoit un plus grand objet, celui de rendre cet entretien utile à ſes auditeurs, & il parla de maniere à les éclairer ſur leurs devoirs.

Ariſtippe lui demanda s'il connoiſsoit quelque choſe de bon. Si Socrate avoit répondu que c'eſt une bonne choſe que la boiſson, la nourriture, la richeſse, la ſanté, la force, le courage, il ſe préparoit à lui démontrer que c'eſt quelquefois un mal. Mais Socrate, conſidérant que nous cherchons ſur-tout à nous délivrer de nos incommodités, lui fit la réponſe la plus convenable. Me demandez-vous, lui dit-il, ſi je connois quelque choſe de bon pour la fievre? — Non. — Pour les maux d'yeux? — Pas davantage. — Pour la faim? — Pas encore. — Si vous entendez quelque chofe de bon qui ne foit bon à . rien, je ne le connois ni n'ai befoin de le connoître.

Ariftippe changea de batterie & lui demanda s'il connoifsoit quelque belle chofe. — J'en connois, & beaucoup, répondit Socrate. — Et toutes ces belles chofes sont-elles femblables entre elles? — Il y en a qui different des autres autant qu'il eft poffible. — Et comment ce qui differe du beau peut-il être beau? — Rien n'eft plus fimple. Un bouclier eft fait pour défendre le corps; il a fa beauté: mais cette beauté eft bien différente de celle d'un javelot dont la belle proportion doit le rendre propre à être lancé avec autant de force que de vîtesse. — Mais vous me répondez comme si je vous demandois s'il y a quelque chose de bon. — Eh! croyez-vous que le bon & le beau soient deux choses différentes ? Ignorez-vous que tout ce qui est beau, relativement à un objet, est bon par rapport à cet objet même ? La vertu n'est pas bonne dans une occasion, & belle dans une autre. L'homme qu'on appelle beau à certain égard, est bon à ce même égard, & les proportions qui constituent la beauté de son corps en font aussi la bonté. Tout ce qui peut être destiné à quelque usage est bon & beau relativement à l'usage auquel il est destiné.

Vous trouvez donc, reprit Aristippe, qu'un panier à mettre des

ordures eſt une belle choſe ? — Aſ-
surément, s'il eſt fait comme il doit
l'être pour y mettre des ordures ; &
un bouclier d'or eſt fort loin d'être
beau, s'il n'eſt pas propre à garantir le corps. — D'où il faudra conclure que les belles choſes peuvent
en même temps ne l'être pas. —
Sans doute , & que le bon peut auſſi
être mauvais. Ce qui eſt bon pour
appaiſer la faim eſt ſouvent mauvais pour guérir la fievre , & ce qui
eſt bon pour la fievre eſt très peu
convenable pour ſoulager l'appétit.
Un genre de beauté eſt néceſſaire
pour la courſe, & ne conviendroit
pas du tout pour la lutte : ce qui eſt
beau à la lutte seroit fort laid à la
courſe. Les choſes sont belles &
bonnes pour l'uſage auquel elles

conviennent ; elles sont laides &
mauvaifes pour l'ufage auquel elles
ne conviennent pas.

XI.

SOCRATE foutenoit que la com-
modité d'un édifice en conftitue la
véritable beauté, & c'étoit donner
le meilleur principe de conftruc-
tion.

Quand on fait bâtir une maifon,
difoit-il, ne veut-on pas qu'elle
foit en même temps fort agréable
& très commode ? On ne pouvoit
en difconvenir. Il eft bien agréable,
ajoutoit-il, qu'elle foit fraîche pendant l'été, & chaude pendant l'hiver. C'eft encore un point qu'on
n'avoit garde de lui nier. Eh bien,
continuoit-il, quand les maifons
regardent le midi, le foleil pénetre

en hiver dans les appartements; &,
en été, se trouvant élevé perpendi-
culairement au-dessus de nos têtes,
il passe par-dessus les toits & procure de l'ombre. Il faut par conséquent donner de l'élévation aux édifices qui regardent le midi, pour
que les appartements puissent recevoir le soleil en hiver, & tenir fort
bas ceux qui sont exposés au nord,
afin qu'ils soient moins battus des
vents les plus froids. En un mot,
le plus beau, le plus agréable des
édifices est celui qui fournit la plus
agréable retraite en toute saison,
& dans lequel on renferme avec le
plus de sûreté ce qu'on possede. Les
peintures, les ornements variés,
ôtent bien plus de plaisirs qu'ils n'en
procurent.

Les chapelles & les temples, diſoit-il, doivent être élevés dans des
endroits peu fréquentés & très appa-
rents : car il eſt agréable à ceux qui
veulent faire leur priere de voir le
lieu ſaint ; il leur eſt agréable d'en
approcher ſans ſe ſouiller.

XII.

On lui demandoit ſi le courage
eſt une qualité naturelle ou acquiſe.

Comme on voit, répondit-il, des
corps qui ſont naturellement plus
robuſtes que d'autres, & qui réſiſ-
tent bien mieux aux fatigues, je
crois que la nature forme auſſi des
ames plus fermes que les autres &
plus capables d'affronter les dangers : car je vois des hommes nés
ſous les mêmes loix, élevés dans
les mêmes mœurs, différer beau-

coup entre eux par le courage. Mais
je crois que la valeur naturelle peut
être augmentée par l'instruction &
l'exercice. Il est clair que les Scythes & les Thraces n'oseroient attaquer les Lacédémoniens avec la
pique & le bouclier, & que les Lacédémoniens ne tenteroient pas de
résister aux Thraces en s'armant
comme eux d'écus échancrés & de
javelots, ni de se présenter devant
les Scythes en adoptant les fleches,
que ce peuple sait lancer avec tant
d'adresse. Je vois qu'en tout les
hommes different naturellement les
uns des autres ; je vois qu'en tout
ils font des progrès par l'exercice :
& je conclus que les hommes les
plus favorisés & les plus maltraités
de la nature doivent prendre des

leçons s'ils veulent exceller dans quelque partie que ce soit.

XIII.

IL ne séparoit pas le favoir de la bonne conduite, & regardoit comme favant & comme bien réglé dans fes mœurs celui qui connoît le bon & l'honnête, qui fait le pratiquer, & fuir tout ce qui eft honteux. On lui demanda s'il regardoit comme des gens inftruits ceux qui favent bien ce qu'on doit pratiquer, & qui font tout le contraire. Ils ne sont pas moins ignorants que déréglés, répondit-il. Si nous favons difcerner entre toutes les actions que nous pouvons faire, celles qui nous sont les plus avantageufes, nous ne manquerons pas de les choifir : quand on fait le mal, on n'eft donc pas moins ignorant que coupable.

Il afsuroit que la juftice n'étoit qu'une fcience ; il en difoit autant de toutes les vertus. Toutes les actions juftes & vertueufes, difoit-il, réunifsent une bonté parfaite aux charmes de la beauté. A-t-on la fcience néceſsaire pour les connoître ? il n'eft plus poffible de leur rien préférer. Cette fcience manque-t-elle ? on veut en vain les pratiquer : on cherche à faire des efsais ; on ne fait que des fautes. Puifqu'on ne peut rien faire de beau, de bon, d'honnête, que par la vertu, il eft certain que la vertu elle-même eft une fcience qu'il faut pofséder.

XIV.

Il regardoit bien la folie comme

contraire à la ſageſſe, cependant il ne traitoit pas l'ignorance de folie. Mais ne ſe pas connoître soi-même, & croire que l'on ſait ce qu'on ignore, c'eſt, diſoit-il, toucher de près à la démence. Le vulgaire, ajoutoit-il, ne regarde pas comme des inſensés ceux qui ſe trompent ſur des objets inconnus au commun des hommes : mais il traite de fous ceux qui ſe trompent dans des choſes qui sont connues de tout le monde. On appelle inſensé celui qui ſe croit trop grand pour paſſer sous la porte d'une ville ſans ſe baiſſer, qui préſume aſſez de ſa force pour eſſayer d'enlever des maiſons, qui entreprend enfin des choſes dont tout le monde reconnoît l'impoſſibilité : mais ne fait-on que de petites fautes,

on n'eſt pas traité de fou par le vulgaire. Comme il ne donne le nom
d'amour qu'à la plus violente affec-
tion, il ne donne le nom de folie
qu'à la plus forte démence.

L'envie, diſoit-il en réfléchiſ-
ſant ſur cette paſſion, eſt un ſentiment douloureux qui n'eſt causé ni
par les malheurs d'un ami, ni par
la proſpérité d'un ennemi. Il ne traitoit d'envieux que ceux pour qui le
bonheur de leurs amis eſt un ſujet
de douleur. Comment, lui dirent
quelques perſonnes, peut-on ſentir l'amitié & ſouffrir du bonheur
de celui qu'on aime ? Remarquez,
leur répondit-il, que bien des gens
ont une ſinguliere conduite en amitié : ils sont incapables d'abandonner leurs amis dans le malheur ; ils

leur donnent des fecours dans leurs afflictions, & fe défolent quand ils les voient heureux. Il ajouta qu'un fentiment fi bizarre ne pouvoit entrer dans le cœur du fage, & n'étoit fait que pour l'ame d'un fot.

XV.

QU'EST-CE que l'oifiveté? difoit-il. Je vois que la plupart des hommes sont toujours en action : car enfin les joueurs de dés, les bouffons, ne reftent pas à ne rien faire; mais ils n'en sont pas moins des fainéants, car ils pourroient faire quelque chofe de mieux. Quand on fait le mieux, on ne trouve pas le loifir de le quitter pour s'adonner au pire; &, fi on le fait, on eft bien coupable, puifqu'on ne manquoit pas d'occupation.

A quoi, lui demandoit-on, l'homme doit-il sur-tout s'appliquer ? — A bien faire. — Y a-t-il des principes pour faire fortune ? — Non ; car faire fortune n'est autre chose que ne rien faire du tout. Trouver son bien-être sans le chercher, voilà ce que j'appelle faire fortune : devoir son bonheur à ses soins, à son travail, c'est ce que j'appelle une bonne conduite : avoir une bonne conduite, c'est faire le bien. Je regarde comme des hommes estimables & chéris des dieux, le laboureur qui travaille bien la terre, le médecin qui pratique bien l'art de guérir, l'homme d'état qui doit à ses études de bons principes du gouvernement. Ne rien faire, ou ne faire rien d'utile, c'est être indigne de plaire aux dieux.

XVI.

POUR être roi, difoit-il, il ne fuffit pas de porter un fceptre, d'avoir réuni les fuffrages d'une nation, d'avoir été favorifé par le fort, d'être monté fur le trône par la force ou par la rufe : c'eft la fcience de régner qui fait feule les rois.

On convient que le devoir d'un fouverain eft d'ordonner ce qu'il eft utile de faire ; celui des fujets, d'obéir : mais il n'en faut pas conclure que les rois n'aient pas befoin de confeils. S'il fe trouve dans un vaiffeau un homme plus habile que les autres, il donne des ordres ; les matelots & le pilote lui-même ne refufent pas de le fuivre. Le maître d'un champ fuit les lumieres de fon laboureur qui en fait plus que lui ;

les malades obéiſſent au médecin ;
ceux qui veulent s'exercer, aux maîtres d'exercices. Pour oſer même
prendre ſur soi de diriger ſes propres
affaires, il faut ſe ſentir les connoiſsances qu'elles exigent. Manquent-
elles ? on obéit aux habiles gens
qu'on peut rencontrer : on les man-
de ſouvent de fort loin pour ſe mettre à leurs ordres, pour faire ce
qu'ils preſcrivent. Les femmes elles-
mêmes commandent aux hommes
dans les travaux qui conviennent
à leur ſexe, parcequ'elles s'y con-
noiſſent, & que les hommes n'y
entendent rien.

Si on lui objectoit qu'un tyran
eſt maître de ne pas ſuivre les bons
avis qu'on lui donne : A quel prix,
répondoit-il, lui eſt-il permis de ne

les pas suivre ? Ne voyez-vous pas que la punition eſt toute prête, quand il refuſe de les écouter ? Rejette-t-il un ſage conſeil ? il fait des fautes : & il n'en peut faire aucune ſans en être puni.

Il peut ôter la vie au plus ſage de ſes conſeillers ; cela eſt vrai : mais en donnant la mort à ceux qui lui prêtent le plus ferme appui, croyez-vous qu'il ne ſoit pas puni ? croyez-vous même qu'il le ſoit légèrement ? Trouvera-t-il ſa sûreté dans une telle conduite ? Non ; elle ne peut qu'entraîner ſa ruine.

XVII.

Il ne négligeoit pas de converſer avec les artiſtes, & ſes entretiens ne leur étoient pas inutiles.

Il alla voir un jour le peintre

Tome II.   H

Parrhafius. La peinture, lui dit-il,
n'eft-elle pas une repréfentation des
objets vifibles ? Vous imitez avec
des couleurs les enfoncements & les
faillies, le clair & l'obfcur, la mol-
lefse, la dureté, le poli : il n'y a
pas jufqu'à la fraîcheur de l'âge &
fa décrépitude qui ne foient expri-
mées dans vos ouvrages. — Cela eft
vrai. — Et fi vous voulez repréfenter une beauté parfaite, comme il
eft difficile de trouver des hommes
qui n'aient dans les formes aucune
imperfection, vous rafsemblez les
beautés de plufieurs modeles pour
en faire un tout accompli. — Tel
eft notre procédé. — Mais quoi !
ce qu'il y a de plus aimable dans
le modele, ce qui lui gagne la confiance & les cœurs, ce qui le fait

desirer, le caractere de l'ame enfin,
parvenez-vous à l'imiter, ou faut-il
le regarder comme inimitable (1)?
— Eh! comment le repréfenter,
puifqu'il ne dépend ni de la proportion, ni de la couleur, ni d'aucune
des chofes que vous avez détaillées;
puifqu'enfin il ne tombe pas sous le
fens de la vue? — Mais ne remar-
que-t-on pas dans les regards tantôt la douceur de l'amitié, tantôt
l'indignation de la haine? — Cela
eft vrai. — Il n'eft donc pas impoffible de rendre ces expreffions dans
les yeux. — J'en conviens. — Trouvez-vous le même caractere de phy-

___

(1) Socrate, qui avoit été fculpteur
dans fa jeunefse, ne peut être foupçonné
d'avoir parlé des arts fans s'y connoître.

H ij

fionomie dans ceux qui prennent part au bonheur au malheur de leurs amis, & dans ceux qui n'en sont pas touchés ? — Non afsurément. Dans le bonheur de nos amis, la joie fe peint fur notre vifage ; & la triftefse, dans leur infortune. — Voilà donc encore des pafsions qu'on peut repréfenter. La noble fierté, l'orgueil, l'humilité, la modeftie, la prudence, la rufticité, la pétulance, la bafsefse, tout cela fe fait remarquer fur le vifage & dans le gefte ; tout cela fe reconnoît dans l'action & même dans le repos. — Vous avez raifon. — Nouveaux ca-

---

On doit donc inférer de fa converfation avec Parthafius que, de fon temps, les peintres & les fculpteurs ne s'étoient pas encore appliqués à exprimer dans leurs

racteres que l'art peut exprimer. —
Je l'avoue. — Et qui croyez-vous
qu'on aime le plus à voir ? Sont-ce
les hommes qui se font remarquer
par un caractere doux , heureux ,
aimable, ou ceux qui n'offrent que
des inclinations haïssables , mé-
chantes & honteuses? — Il y a bien
de la différence.

XVIII.

Il alloit quelquefois à l'attelier
de Cliton le statuaire, & s'entretenoit avec cet artiste. Je vois bien,
lui dit-il un jour, que vous ne repré-
sentez pas de la même maniere l'a-
thlete qui dispute le prix à la course,

ouvrages les passions de l'ame ; & l'on peut
soupçonner que les Grecs furent redevables
de cette belle partie de l'art aux entretiens
de notre sage avec les artistes.

& celui qui s'exerce à la lutte, au pancrace, ou au pugilat. Mais le caractere de vie que j'admire dans vos statues, ce caractere qui charme sur-tout les spectateurs, comment parvenez-vous à l'exprimer ?

Comme Cliton hésitoit & tardoit à répondre : Je vois ce que c'est, continua Socrate ; vous conformez votre ouvrage à ce que vous offrent vos modeles vivants, & c'est par cette justesse d'imitation qu'il paroît vivre comme eux. — Voilà tout mon secret. — Nos mouvements font élever certaines parties tandis que d'autres s'abaissent ; ils forcent certains muscles à fléchir, à se gonfler, tandis que leurs antagonistes s'étendent : c'est en exprimant ces effets que vous donnez à l'ouvrage

de l'art la resemblance de la vérité.
— C'eſt cela même. — Cette imitation ſi préciſe de l'action des corps
& de leurs divers mouvements ne
fait pas peu de plaiſir aux ſpecta-
teurs. — C'eſt la ſource des effets
de l'art. — Il faut donc exprimer la
menace dans les yeux des combattants, & la joie dans le regard des
vainqueurs. — C'eſt le devoir du
ſtatuaire. — Il eſt donc auſſi de ſon
devoir d'exprimer par les formes
tous les mouvements de l'ame.

X I X.

UN jour il entra dans la boutique de l'armurier Piſtias, qui lui
montra des cuiraſses très bien faites.
Voilà, dit-il, une excellente inven-
tion, mon cher Piſtias : avec cette
armure, les parties qui ont beſoin

d'être défendues se trouvent cou-
vertes, & les bras conservent toute
leur liberté. Mais, dites-moi, pourquoi vendez-vous vos cuirasses plus
cher que les autres armuriers, quoiqu'elles ne soient ni plus fortes ni
plus magnifiques ? — C'est que les
miennes sont mieux proportion-
nées. — Est-ce par le poids, est-ce
par la mesure que vous jugez de
cette proportion ? Si vous voulez
que vos cuirasses puissent servir,
je pense que vous ne les faites pas
toutes semblables. — Non assurément. Si elles étoient toutes dans
les mêmes proportions, elles ne
pourroient servir à tout le monde.
— Mais il y a des corps bien proportionnés, & d'autres qui le sont
fort mal. — Cela est vrai. — Com-

ment donc faites-vous pour que vos cuirafses aillent bien à des corps mal proportionnés & qu'elles foient d'une belle proportion ? — Elles ont la meilleure proportion qu'elles doivent avoir, précisément parce-qu'elles leur vont bien.

Je vous entends : vous ne confidérez pas ici la beauté de la proportion en elle-même, mais par rapport à fon utilité. Ainfi vous direz qu'un bouclier eft bien proportionné, s'il eft commode à celui qui doit s'en fervir : on en peut dire autant d'un manteau ou d'autres chofes femblables. Il y a peut-être dans cette convenance un autre avantage qui n'eft pas à méprifer. — Ne refufez pas de me l'apprendre. — C'eft qu'une armure qui va bien à celui qui la porte le fatigue moins de fon poids, fans être en effet plus légere que celle qui ne lui va pas bien. Celle-ci eft incommode & difficile à porter, ou parcequ'elle ne s'ajufte pas bien à la forme des épaules, ou parcequ'elle preſse fortement quelque partie du corps. L'autre fe partage avec un jufte équilibre fur les clavicules, fur les épaules, fur le dos, fur la poitrine, fur l'eſtomac : on diroit que ce n'eft pas un fardeau étranger, mais un appendice du corps. — Et voilà pourquoi je mets un grand prix à mes ouvrages. Je sais que bien des gens aiment mieux acheter des cuiraſses bien peintes, bien dorées. — Si elles ne s'ajuftent pas à leur corps, je trouve que c'eft acheter une incommodité couverte d'ornements & de dorure.

Mais comme on n'eſt pas toujours immobile, que tantôt on ſe
courbe, tantôt on ſe redreſſe, comment des cuiraſses trop juſtes peuvent - elles ſe prêter aux mouvements ?   Elles ne le peuvent pas.
— Vous dites donc que des cuiraſses
qui vont bien au corps ne ſont pas
celles qui le preſſent pour en montrer toutes les formes, mais celles
qui ne font de mal dans aucune atti-
tude du corps ? — C'eſt vous-même
qui le dites, & vous ſavez à préſent
tout le fin de mon métier.

* X X. *

IL y avoit à Athenes une fort
belle femme nommée Théodote,

____

(*) En liſant cet entretien de Socrate
avec une courtiſane, il faut ſe rappeller

qui n'étoit pas de l'humeur la plus sévere. Quelqu'un parloit d'elle chez Socrate, & soutenoit qu'il n'y avoit pas de paroles capables d'exprimer sa beauté. Il ajouta que les peintres la prenoient pour modele, & qu'elle ne leur faisoit pas un secret de ses charmes.

---

que sa méthode étoit de tirer des exemples des premieres conditions & des professions les plus méprisées, pour prouver qu'on ne peut se faire aimer des autres que par le bien qu'on leur fait. D'ailleurs, dans le temps de Socrate, dans ce siecle de corruption où les courtisanes tenoient un rang dans l'état, il n'étoit pas indigne du moraliste de leur apprendre les vertus qui leur restoient encore à pratiquer après avoir abjuré celle de leur sexe. Ainsi Socrate, en feignant de louer Théodote, lui fait entendre ce qu'elle doit faire : partager le

Il faut aller la voir, dit Socrate :
car s'il n'y a pas de paroles qui puiſ-
ſent exprimer ſa beauté, vous ne
nous en donnerez qu'une idée fort
imparfaite, & nous perdrons notre
temps à vous entendre. — Allons-
y dans l'inſtant, dit celui qui avoit
parlé le premier, nous vous ſuivrons.

---

malheur & la joie de ſes amants, les viſi-
ter, les ſoulager dans leurs maladies, payer,
dans l'occaſion, leurs bienfaits de retour,
n'exiger d'eux que ce qu'ils peuvent donner aiſément. Lors même qu'il ſemble lui
donner des leçons de coquetterie, il prouve
qu'il n'y a point de plaiſirs ſans la modération. Tout cet entretien ſemble n'être
qu'un badinage, on y trouve même ce
ton de plaiſanterie railleuſe que les Fran-
çois de notre ſiec'e ſe ſont aviſés d'appeller du perſiflage : mais ſous cette écorce
légere ſont cachées des vérités morales.

Ils y allerent en effet, & purent admirer à leur gré tous ſes charmes; car, en ce même moment, un peintre en faiſoit ſon étude. Quand il eut ceſsé de travailler : Eſt-ce à nous, dit Socrate à ceux qui l'accompagnoient, d'avoir obligation à Théodote qui a déployé devant nous les tréſors de ſa beauté ? Eſt-ce elle qui nous doit de la reconnoiſſance, parceque nous avons ſenti tout le prix de ſes charmes ? Si elle a gagné le plus à ſe ſoumettre à notre admiration, c'eſt à elle d'avoir de la reconnoiſſance : c'eſt à nous, ſi nous avons gagné plus qu'elle à ce charmant ſpectacle. Quelqu'un ayant remarqué qu'il parloit juſte : Je conviens, ajouta-t-il, qu'elle ne gagne avec nous que des éloges ; mais ces éloges, nous les répandrons, & ils ne lui seront pas inutiles. Pour nous, à qui tant d'appas secrets ont été dévoilés, nous n'emporterons que des desirs & des tourments ; & désormais esclaves de Théodote, c'est à nous de reconnoître son empire. A ce compte, repartit la belle courtisane, je vois bien que c'est à moi de vous avoir obligation.

Quand Socrate la vit ensuite superbement parée, quand il vit auprès d'elle sa mere vêtue d'une maniere peu commune, de nombreuses esclaves toutes proprement habillées, & toutes se disputant de beauté, des appartements ornés avec autant de richesse que de goût : Faites-moi une confidence, belle

Théodote, lui dit-il ; auriez-vous des terres ? — Je n'en ai aucune. — Vous avez donc quelque maifon d'un bon revenu ? — Pas davantage. — Ah ! j'entends ; vous avez des efclaves habiles dont le travail vous rapporte beaucoup. — Je n'en ai pas un. — Mais comment donc pouvez-vous fuffire à vos dépenfes ? — Si je me fais un ami, il trouve fon plaifir à m'obliger, & je n'ai pas d'autre revenu. — Vos amis font vos richefses ! c'eft la plus belle de toutes, & bien préférable aux plus riches troupeaux. Mais vous abandonnez-vous à la fortune ? Attendez-vous que les amis volent autour de vous comme des efsaims d'abeilles, ou n'employez-vous pas quelque artifice pour les attirer ? —

Eh! comment voulez-vous que j'invente des artifices ? — Bien plus aisément qu'une foible araignée. Vous voyez comme elle se procure une subsistance asurée : elle tisse une toile subtile ; les mouches y tombent & deviennent sa proie. — Vous me conseillez donc aussi de tendre des filets pour prendre des amis ?

Il ne faut pas croire, répondit Socrate, qu'on doive aller sans art à la chasse des amis, la plus précieuse de toutes les proies. Voyez combien d'adresse on emploie pour chasser aux lievres : cependant les chasseurs ne se promettent qu'une proie de peu de valeur. Ils savent que les lievres paissent pendant la nuit ; ils se procurent des chiens capables de chasser dans les ténebres. Les lievres prennent la fuite pendant le jour : on a d'autres chiens qui les fentent au fumet, & les arrêtent quand ils retournent au gîte. Le lievre court avec une telle rapidité, que l'œil peut à peine le fuivre : on a des chiens légers qui le gagnent à la courfe. Quelquefois encore il échappe : mais on tend des filets dans les fentiers ; il y tombe & fe trouve pris.

Voilà bien des moyens pour prendre des lievres, dit Théodote ; mais je ne vois pas lequel pourroit me fervir à prendre des amis. — Je sais bien que vous ne les pourfuivrez pas avec des chiens : mais il faudroit trouver quelqu'un d'afsez adroit pour fuivre à la pifte & poufser dans vos filets les richards fenfibles aux

charmes de la beauté. — Eh! j'ai
donc des filets ? — Si vous en avez !
vos attraits qui ont tant de force
pour envelopper votre proie ; votre
esprit qui vous inspire des paroles
capables de plaire ; des regards faits
pour enchanter ; cet esprit, qui vous
apprend à recevoir avec tant de
douceur ceux qui vous aiment, à
repousser les téméraires trop peu
dignes de sentir le prix de vos beautés, à ne pas ressentir le bonheur
de vos amis moins vivement qu'ils
ne l'éprouvent eux-mêmes, à mar-
quer une bienveillance sans bornes
à ceux qui se sont livrés à vous tout
entiers, à leur accorder de si aima-
bles soins dans leurs maladies, à
leur rendre visite, à leur montrer
une sensibilité qui leur fait oublier

leurs maux pour ne fentir que leur amour. Je sais qu'auprès de vous on n'éprouve pas moins de tendreſse que de douceur ; & ſi vous avez des amants illuſtres, ce ne sont pas feulement des paroles enchantereſses, c'eſt la bonté de votre cœur qui les retient dans vos chaînes. — Mais je n'emploie aucun des artifices dont vous pariez.

— Il n'eſt cependant pas indifférent, belle Théodote, de ſaiſir le caractere de celui qu'on veut attaquer. Vous ne vous ferez pas un ami, vous ne le retiendrez pas par la force : c'eſt une proie qu'on prend & qu'on arrête par les bienfaits & le plaiſir. — Ce que vous dites eſt bien vrai. — Il faut d'abord vous contenter de ne demander à ceux qui vous aiment que ce qu'ils peuvent aisément vous accorder : il ne faut pas négliger de les payer de retour. C'est ainsi qu'ils vous aimeront plus tendrement encore ; c'est ainsi qu'ils vous resteront plus constamment attachés, & qu'ils se plairont davantage à vous faire éprouver de nouveaux bienfaits. Vous savez quel est le plus grand prix qu'ils attendent de leurs soins, & vous n'aurez pas la rigueur de le leur refuser : mais vous voyez que les mets les plus délicieux n'ont aucune saveur quand ils ne la reçoivent pas de l'appétit, & qu'ils inspirent le dégoût quand on est rassasié : est-on pressé de la faim ? les mets les plus simples prennent une saveur exquise. N'offrez donc pas les aliments de l'amour à vos amants rafsafiés : laifsez à leurs defirs le temps de renaître. Ne vous hâtez pas même de fatisfaire leurs defirs naifsants : entretenez-les par les charmes de l'efpérance ; toujours difposée en apparence à répondre à leurs vœux, sachant éluder toujours, jufqu'à ce que leur pafsion ait acquis la plus grande force. Les faveurs reçoivent un nouveau prix, quand elles ont été vivement defirées.

— Vous ne refuferez donc pas, Socrate, de m'aider à me faire des amis ? — Non, fi vous parvenez à me perfuader. — Et comment y parvenir ? — C'eft à vous d'en chercher les moyens, & vous les trouverez fi vous avez befoin de moi.

— Eh bien, faites-moi donc le plaiſir de venir ſouvent me voir.

Socrate ſe contenta de plaiſanter ſur ſes occupations. Il ne m'eſt pas aiſé, lui dit-il, d'en trouver le temps : mes propres affaires & les affaires publiques ne me laiſsent pas de loiſir. J'ai d'ailleurs des maîtreſses qui ne me permettent de les quitter ni le jour ni la nuit, & qui ſavent bien faire uſage des philtres & des enchantements que je leur ai montrés. — Quoi ! Socrate ſait compoſer des philtres ! — Eh ! comment croyez-vous qu'Apollodore & Antiſthene ne me quittent jamais ? Comment croyez-vous que Cébès & Cimmias viennent de Thebes pour me voir ? Sachez que cela ne peut ſe faire ſans philtres & ſans enchantements. — Prêtez - moi donc un philtre dont je puisse me servir pour vous attirer. — Mais je ne veux vraiment pas être attiré près de vous; je prétends bien que vous veniez me chercher vous-même. — J'irai volontiers si vous voulez bien me recevoir. — Je vous recevrai, s'il n'y a personne auprès de moi que j'aime plus que vous.

X X I.

Il voyoit qu'Epigene, l'un des jeunes gens qui le fréquentoient, avoit fort mauvaise grace. Que vous avez l'air commun, lui dit-il, mon cher Epigene! — Un simple particulier comme moi n'a pas besoin de mieux payer de sa personne. — Pas moins que ceux qui combattent dans les jeux olympiques.

Si les Athéniens font la guerre,
croirez-vous combattre pour peu
de chofe, quand vous aurez à dif-
puter votre vie contre les ennemis
de l'état ? Dans le danger des armes,
les gens qui fe négligent comme
vous ne fauvent leur vie qu'en fe
déshonorant, ou la perdent fouvent
parcequ'ils n'ont pas la force de la
défendre. Plufieurs sont faits pri-
fonniers : ils pafsent misérablement
le refte de leurs jours dans la plus
dure captivité, ou, après avoir payé
une rançon supérieure à leur fortune, ils finifsent par traîner leur
vie dans la douleur & dans la plus
profonde mifere. D'autres, parcequ'ils manquent de vigueur, pa-
roifsent lâches & timides, & fe
perdent de réputation.

Tome II.   K

Telles sont les punitions atta-
chées à la foiblesse : vous semblent-
elles donc méprisables, & croyez-
vous pouvoir aisément les supporter ? N'est-il donc pas plus facile &
plus doux de se soumettre aux fatigues qu'il faut s'imposer à soi-même
pour acquérir de la force ? Pensez-
vous qu'une constitution délicate
soit meilleure pour la santé qu'une
constitution robuste, qu'elle soit
plus utile dans tous les événements
que l'on peut éprouver ? Méprisez-
vous les avantages que procure un
bon tempérament ? L'homme bien
constitué conserve sa santé, jouit
de toute sa force, défend sa vie avec
honneur dans les combats, se tire
heureusement des périls, prête des
secours à ses amis, & rend à l'état

des services signalés : on l'aime, il acquiert de la gloire & parvient aux plus grands honneurs : le reste de sa vie s'écoule avec plus de douceur ; & la considération qu'il s'est acquise est un héritage qui ne sera pas inutile à ses enfants.

Si l'état n'ordonne pas de faire publiquement les exercices militaires, ce n'est pas une raison pour les particuliers de les négliger, & ils ne doivent pas s'y appliquer moins assidûment. Ne parlons plus de la guerre : sachez que, dans aucune circonstance de la vie, vous n'aurez à vous repentir d'avoir exercé vos forces & votre adresse. Nous ne faisons rien qu'à l'aide de notre corps ; il est toujours de la plus grande importance qu'il soit bien constitué. Vous croyez peut-être qu'il a peu de part aux fonctions de l'intelligence. Eh ! comment se dissimuler que la pensée peche souvent parceque le corps n'est pas bien affecté ? Le défaut de mémoire, la lenteur d'esprit, la paresse, la folie même, sont des suites d'une disposition vicieuse de nos organes, & nous font perdre quelquefois toutes les connoissances que nous avions acquises. Le corps est-il sain ? les organes conservent-ils toute leur vigueur ? on n'a pas à craindre de semblables infirmités. Si tels sont les effets d'un mauvais tempérament, il est certain qu'une santé vigoureuse produit les effets contraires : & que ne fera pas un homme de bon sens pour éviter tant de maux

& se procurer de si grands avantages ?

D'ailleurs n'est-il pas honteux
que, par les suites de l'indolence,
on arrive à la vieillesse sans savoir
jusqu'où l'on auroit pu porter sa
force & son adresse ? C'est ce qu'on
ne peut connoître sans travail ; car
il ne faut pas croire que ces qualités
se développent entièrement d'elles-
mêmes.

XXII.

Quelqu'un venoit de faire une
politesse sans qu'on lui eût rendu
le salut. Socrate le vit fort en colere :
Eh quoi ! lui dit-il, si vous aviez
rencontré un homme infirme, vous
ne vous seriez sûrement pas fâché :
vous avez rencontré un homme
d'un esprit rustique, & cela vous

tourmente! rien n'eſt plus ridicule.

Un autre ſe plaignoit d'être dé-goûté. Je ſais, lui dit-il, un bon remede à votre mal. — Eh! quel eſt-il? — C'eſt de manger moins: les mets vous paroîtront plus agréa-bles, vous dépenſerez moins pour votre cuiſine, & vous vous porterez mieux.

Je n'ai chez moi que de l'eau chaude, lui diſoit un troiſieme. — Tant mieux; elle ſera toute prête quand vous voudrez vous baigner. — Mais elle eſt trop fraîche pour le bain. — Eſt-ce que vos domeſti-ques refuſent de s'en ſervir pour ſe baigner & pour boire? — Non vrai-ment, & je m'en suis ſouvent éton-né. — Quelle eſt l'eau la plus chaude de la vôtre ou de celle du temple d'Esculape ? — Oh ! c'est celle du temple d'Esculape. — Vous êtes donc plus difficile à contenter que vos gens & que les malades mêmes.

Un certain maître avoit rudement maltraité son valet. Socrate lui en demanda la raison. — Comment ! c'est un gourmand, un paresseux : il n'aime que deux choses, gagner de l'argent & ne rien faire. — Avez-vous examiné quelquefois qui mériteroit le plus d'être châtié de vous ou de votre valet ?

XXIII.

QUELQU'UN étoit effrayé d'avoir à faire le voyage d'Olympie. Eh ! qu'a donc ce chemin qui puisse vous épouvanter ? Ne passez-vous pas le jour presque entier à vous promener dans votre maison ? Que vous arrivera-t-il de plus ? Vous vous promenerez, & vous vous arrêterez pour dîner : vous vous promenerez encore, & vous vous arrêterez pour souper & pour vous reposer. Ne savez-vous donc pas qu'en mettant ensemble les promenades que vous faites en cinq ou six jours, on peut aller aisément d'Athenes à Olympie ? Au reste, vous ferez mieux de partir un jour plutôt que de différer ; car il est désagréable d'avoir de trop longues journées à faire, & c'est un plaisir de pouvoir perdre un jour en route. Il vaut mieux se hâter de partir, que d'être trop pressé d'arriver.

Je suis fatigué, disoit un autre, d'une longue route que je viens de faire. — Est-ce que vous aviez un paquet à porter ? — Je ne portois que mon manteau. — Étiez-vous feul, ou aviez-vous un valet avec vous ? — J'en avois un. — Portoit-il quelque chofe ? — Il portoit mes hardes & mon bagage. — Et comment s'eft-il tiré d'affaire ? — Je crois qu'il s'en eft tiré mieux que moi. — Et fi vous aviez eu fon fardeau à porter, comment vous seriez-vous trouvé ? — Fort mal affurément, ou plutôt je n'aurois pu le porter. — Comment donc! votre valet réfifte mieux à la fatigue que vous qui devriez être un homme exercé !

XXIV.

QUAND fes amis venoient fouper chez lui, les uns apportoient peu & les autres beaucoup. Il ordonna au valet de mettre le plus petit plat en commun, & 'd'en dif- tribuer une part à chaque convive. Ceux qui avoient apporté un mets plus confidérable auroient eu honte de goûter au petit plat & de ne pas faire part du leur : ils fe trouvoient donc obligés de le mettre aufli en commun. De cette maniere, ils n'a- voient rien de plus que ceux qui avoient apporté moins qu'eux, & fe difpenferent de faire tant de dé- penfe.

Il remarqua que l'un des convi- ves ne mangeoit pas de pain & ne prenoit que de la viande. La conver- fation étant tombée par hafard fur l'application des mots aux objets qu'ils repréfentent : Pourrions-nous trouver, dit-il, ce qui fait donner

à un homme le nom de carnaſſier ?
On mange de la viande avec ſon
pain ; mais il me ſemble que ce n’eſt
pas là ce qu’on appelle être carnaſſier. — Je ne le crois pas non plus,
dit quelqu’un de la compagnie. —
N’eſt-ce pas celui qui mange ſa
viande ſans pain qui mérite ce nom ?
— Perſonne ne mérite mieux de le
porter. — Mais, dit un autre, celui qui mange beaucoup de viande
avec peu de pain ? — Je trouve, reprit Socrate, que ce titre lui convient très bien ; & quand les autres
demandent aux dieux abondance de
fruits, il doit demander abondance
de viande.

Pendant que Socrate parloit, le
jeune homme qu’on avoit en vue
ſentit bien qu’il étoit l’objet de la

converſation. Il prit du pain, mais ſans ceſſer de manger beaucoup de viande. Cela ne put échapper à Socrate. Regardez ce jeune homme, dit-il, vous qui êtes auprès de lui ; ſe ſert-il de ſon pain pour manger ſa viande, ou de ſa viande pour manger ſon pain ?

Il remarqua auſſi qu'un des convives, à chaque bouchée de pain, prenoit un morceau des différents plats. Y a-t-il un mets plus cher, dit-il alors, & en même temps plus mauvais, que celui d'un homme qui met à la fois dans ſa bouche de tous les mets, & qui ne fait, de tant de ſauces ſi différentes, qu'un ſeul aſſaiſonnement ? Il compoſe un plat beaucoup plus cher que ne feroient les cuiſiniers, puiſqu'il mêle plus de choſes enſemble. Les cuiſiniers ne ſe permettent pas cette confuſion, parcequ'ils ne croient pas que ces différentes ſubſtances s'accordent entre elles ; & , s'ils ont raiſon, un ſemblable mélange n'eſt-il pas une faute qui tend à renverſer leur art ? N'eſt-il pas ridicule de chercher des cuiſiniers qui ſachent bien leur métier, de n'y entendre rien ſoi-même, & de détruire ce qu'ils ont fait ? Une telle habitude, d'ailleurs, n'eſt pas ſans inconvénient. Vient-on à manquer d'une multiplicité de mets ? on ſe croit dans la diſette ; on regrette cette abondance dont on s'eſt fait une habitude. Quand on s'eſt accoutumé à un ſeul plat, on ne regrette pas les bonnes tables, &

Tome II.   L

l'on se voit sans peine réduit à son petit ordinaire.

Il disoit que les Athéniens exprimoient l'action de manger par un mot qui signifie à-peu-près faire bonne chere. Pour que la chere soit bonne, ajoutoit-il, il faut qu'elle ne nuise ni au corps ni à l'esprit, & qu'on puisse se la procurer sans trop de peine : en un mot, pour faire véritablement bonne chere, il faut se nourrir avec modération.

LIVRE IV.

I.

EN toute occafion Socrate fe rendoit utile ; aucune maniere de l'être
ne lui étoit étrangere. Rien n'étoit
plus avantageux que d'être admis à
fa fociété : par-tout on fe trouvoit
bien de l'avoir avec foi ; toujours
on gagnoit à l'entendre. Il ne faut
que la plus foible attention, que
l'intelligence la plus commune,
pour reconnoître cette vérité. On
peut même afsurer qu'il n'étoit pas
inutile, quand on avoit été jugé digne de fa familiarité, quand on en
fentoit tout le prix, de penfer à lui
dans fon abfence.

Il n'inſtruiſoit pas moins par ſon badinage que par les plus ſérieuſes de ſes leçons : par exemple, il lui arrivoit ſouvent de dire qu'il étoit amoureux ; mais il faiſoit ſentir aſſez clairement qu'incapable d'être follement séduit par les vains avantages de la beauté, il ne ſe laiſſoit entraîner que vers une ame née pour la vertu.

Il regardoit dans les jeunes gens comme un indice des plus heureuſes diſpoſitions de l'eſprit, une conception facile, une mémoire ſûre, une application conſtante à toutes les connoiſſances néceſſaires pour bien régler une maiſon, pour bien gouverner un état, pour tirer un bon parti des hommes & des circonſtances. Par une ſemblable éducation, difoit-il, on ne prépare pas feulement fon bonheur & la fplendeur de fa maifon ; on peut contribuer encore à la profpérité de fes concitoyens & de fa patrie.

I I.

IL avoit une maniere différente de traiter avec les différents caracteres. Rencontroit-il de ces jeunes gens qui, fiers des avantages qu'ils croient avoir reçus de la nature, méprifent toute inftruction ? il leur prouvoit que les naturels qui femblent les plus heureux ont le plus befoin d'être cultivés. Les chevaux généreux, difoit-il, nés vifs, impétueux, deviennent excellents, & rendent de grands fervices, s'ils ont été drefsés dans leur jeunefse : a-t-on négligé de les domter ? ce sont les plus rétifs & les plus méchants de tous. Un chien de bonne race, qui aime la fatigue, qui s'élance à la pourfuite des animaux, deviendra fans doute un excellent chien de chafse fi l'on a foin de l'inftruire : qu'on l'abandonne à la nature, c'eft un animal ftupide, obftiné, furieux.

Ainfi les hommes nés avec l'ame la plus fiere, la plus énergique, avec le plus d'ardeur pour tout ce qu'ils entreprennent, fe diftingueront par leurs vertus, par leurs belles actions, par les fervices qu'ils rendront à l'humanité, s'ils ont reçu de l'éducation la connoifsance de leurs devoirs : mais s'ils ont été négligés, s'ils font reftés dans l'ignorance, ils feront les plus méchants, les

plus nuisibles de tous les hommes.
N'ayant pas appris à distinguer ce
qu'ils doivent faire, ils se jetteront
dans de coupables projets : violents,
impérieux, on ne pourra ni les arrêter, ni les contenir ; & bientôt ils
auront accumulé les maux & les
crimes.

Quand il voyoit de ces gens qui
mettent toute leur confiance dans
leurs richesses, qui pensent que l'é-
ducation seroit inutile à des hommes comme eux, & que leur fortune leur suffit pour se faire respec-
ter & pour satisfaire tous leurs desirs, il savoit les ramener à la raison.
C'est une folie, leur disoit-il, de
croire que, sans instruction, on
puisse distinguer les actions utiles
de celles qui sont funestes : ce n'en

eſt pas une moins grande de ne ſavoir pas même faire cette diſtinction, & de ſe croire capable de quelque choſe d’utile parcequ’on eſt aſsez riche pour acheter tout ce qu’on veut : c’eſt une ſottiſe d’être incapable de rien d’utile, & de croire qu’on eſt heureux, qu’on a tout ce qu’il faut pour bien vivre, pour vivre avec honneur : c’eſt encore une ſottiſe de penſer qu’avec des richeſses & une honteuſe ignorance on paſsera pour un homme de mérite : c’en eſt une enfin de ſuppoſer que, ſans mérite, on ſe fera conſidérer.

III.

Il eſt temps de raconter comment il ſe comportoit avec ceux qui croyoient avoir reçu une excellente éducation, qui se flattoient d'être bien avancés dans le chemin de la vertu, & qui tiroient vanité de leurs vastes connoissances.

Il savoit que le bel Euthydeme, pour avoir rassemblé un grand nombre d'ouvrages des poëtes & des sophistes les plus renommés, croyoit l'avoir emporté déja par ses lumieres sur tous ses égaux, & n'avoir de rivaux à craindre ni dans l'éloquence, ni dans la science du gouvernement. Comme son âge ne lui permettoit pas de se trouver à l'assemblée du peuple, il s'asseyoit, pour s'instruire des affaires, dans la boutique d'un éperonnier qui étoit voisine de la place. Socrate s'y rendit avec plusieurs de ses amis.

On sait que du temps de Thémiſtocle tous les vœux & tous les ſuffrages ſe réuniſsoient en ſa faveur, quand les conjonctures exigeoient un homme du mérite le plus rare. Quelqu'un s'aviſa préciſément de demander ſi ce grand homme avoit reçu les inſtructions de quelque ſage, ou s'il n'avoit eu beſoin que de ſes talents naturels pour s'élever au-deſsus de tous ſes concitoyens.

Socrate vouloit piquer Euthydeme : Il faudroit, répondit-il, être bien ſimple pour croire qu'on ne peut apprendre les métiers les plus vils ſans avoir reçu les leçons d'un bon maître, & qu'on peut de ſoi-même ſe rendre habile dans le plus important de tous les métiers, l'art de commander aux hommes.

IV.

UNE autre fois Euthydeme, crai-
gnant d'être regardé comme un ad-
mirateur des connoiſsances de Socrate, évitoit de prendre place auprès
de lui. Socrate s'en apperçut : On
sait, dit-il, les études que fait Euthydeme, & l'on peut bien juger
que, dès qu'il sera en âge, il ne
manquera pas de donner ſon avis
ſur les affaires qui seront proposées
à l'aſsemblée du peuple. Au soin
qu'il prend de ne paroître rien apprendre de perſonne, je préſume
qu'il a déja un bon exorde tout prêt
pour les diſcours qu'il compte adreſ-
ſer alors au public. Voici ſûrement
quelle sera la premiere phraſe de ſa
harangue. Perſonne, ô Athéniens,
ne peut ſe vanter de m'avoir rien

appris. Si j'ai par hasard entendu parler de quelques hommes qui se distinguassent par le talent de la parole ou par leurs connoissances dans les affaires d'état, je n'ai jamais recherché leur société, & je ne crains pas qu'on me reproche d'avoir pris aucun maître parmi les citoyens les plus éclairés. C'est peu d'avoir évité de recevoir des leçons; je n'ai pas voulu qu'on pût me soupçonner d'en avoir pris. Je vais cependant vous donner un avis, tel que le hasard pourra me le suggérer.

Un semblable exorde ne conviendroit pas mal non plus à un homme qui se présenteroit pour exercer la médecine. Je me figure lui entendre commencer ainsi son discours : Athéniens, je n'ai jamais appris la médecine de personne ; jamais je n'ai cherché à trouver un médecin qui m'en donnât les principes. J'ai non seulement évité de rien apprendre des médecins ; je n'ai pas voulu même qu'on pût croire que j'eusse appris la médecine. Je vous prie cependant de vouloir bien m'accorder votre confiance ; car je tâcherai de m'instruire en faisant sur vous des essais.

Tout le monde rit beaucoup de cet exorde.

V.

ENFIN Euthydeme parut prêter quelque attention aux entretiens de Socrate : mais il évitoit de parler lui-même, persuadé que son silence passeroit pour de la modestie. Socrate vouloit lui ôter cette idée : Il est étonnant, dit-il, que ceux qui cherchent à se rendre capables de jouer du luth, ou de la flûte, ou de monter à cheval, ou d'exercer quelqu'autre talent, ne tâchent pas de se procurer uniquement par leur travail toute l'habileté qu'ils veulent acquérir : on les voit chercher les meilleurs maîtres, faire tout ce que ces maîtres leur prescrivent, s'armer de patience pour ne s'écarter en rien de leurs principes, comme s'ils n'avoient pas d'autres moyens de se rendre habiles ; tandis que ceux qui se proposent de devenir de grands orateurs, de grands hommes d'état, croient pouvoir d'eux-mêmes, sans préparation, sans étude, acquérir tout-à-coup un grand talent. Il semble cependant que cette

carriere eſt bien plus difficile que
l'autre ; qu'elle exige des études d'autant plus profondes, des travaux
d'autant plus opiniâtres, qu'on y
rencontre bien plus de rivaux, &
que les ſuccès y sont bien plus rares.

VI.

TELS étoient d'abord les diſcours que Socrate tenoit devant Euthydeme. Quand il s'apperçut que
ce jeune homme étoit plus diſposé
à l'entendre & plus attentif à l'écouter, il retourna ſeul à la même boutique, & Euthydeme prit place auprès de lui (1).

----

(1) Tout l'entretien ſuivant eſt poin-
tilleux, ſophiſtique, inſidieux, parcequ'en
ce moment Socrate ne cherchoit qu'à guérir Euthydeme de ſa vanité, & à lui faire

Eſt-il vrai, lui dit Socrate, que vous ayez raſſemblé un grand nombre d'ouvrages des écrivains qui ſe sont fait une réputation de ſageſſe ? — Cela eſt vrai, Socrate ; j'en raſſemble encore tous les jours, & j'ai deſſein d'en réunir le plus grand nombre qu'il me sera poſſible. — Je vois avec plaiſir que vous préférez à des tréſors d'or & d'argent les tréſors de la ſageſſe. C'eſt que vous ſavez bien que l'argent & l'or ne peuvent rendre les hommes meilleurs, & que les pensées des ſages procurent à ceux qui les poſſedent les richeſſes de la vertu.

ſentir qu'il n'avoit pas même les premiers principes des connoiſances les plus ſimples & les plus néceſſaires : mais quand il

La joie couloit avec ces paroles dans le cœur d'Euthydeme, perfuadé qu'aux yeux de Socrate il avoit pris le meilleur moyen de parvenir à la fagefse.

Socrate vit bien que le jeune homme prenoit plaifir à la louange. Dites-moi, reprit-il, quelles sont les vues que vous vous êtes propofées en rafsemblant tant de livres ? Comme Euthydeme fe taifoit, rèvant à la réponfe qu'il devoit faire, Socrate reprit la parole.

Voulez-vous, lui dit-il, devenir médecin ? car les médecins ont beaucoup écrit. — Non, en vérité. —

---

eut domté l'orgueil de ce jeune homme, il mit, dit Xénophon, la plus grande fimplicité dans les leçons qu'il lui donnoit.

Quoi donc? architecte? car cet art exige un esprit cultivé. — Ce n'est pas là mon dessein. — Ah! j'entends; vous voulez devenir un grand géometre comme Théodore? — Non, mes vues ne se tournent pas du côté de la géométrie. — C'est donc du côté de l'astronomie? — Pas davantage. — Est-ce que vous voudriez faire votre état de déclamer des vers? car on dit que vous avez toutes les œuvres d'Homere. — Je n'ai garde. Je sais trop que les gens de cette profession savent à merveille les vers qu'ils récitent, & n'en sont pas moins les plus stupides des hommes. — Vous recherchez peut-être cette science qui rend les hommes capables de gouverner les maisons & les états, de commander aux autres, de leur être utiles, de l'être à eux - mêmes ? — Oui, Socrate, c'est cette science que je recherche avec ardeur ; c'est elle qui m'est nécessaire.

Par Jupiter ! s'écria Socrate, vous recherchez la plus belle des sciences, le premier des talents : on l'appelle l'art des rois, parcequ'il leur est en effet nécesaire. Mais avez-vous bien examiné s'il est possible de n'être pas juste & d'exercer ce grand art ? — Cela est impossible : sans la justice, il n'est pas de bons citoyens. — Vous avez donc travaillé à être juste ? — Je ne crois pas, Socrate, que personne passe pour plus juste que moi. — Et les hommes justes n'ont-ils pas leurs fonctions comme les ouvriers ont les leurs ? — Ils en ont fans doute. — Et comme les ouvriers peuvent montrer leur chefs-d'œuvre, les hommes juftes peuvent-ils expofer auffi leurs ouvrages ? — Comment ! je ne pourrois pas indiquer les œuvres de la juftice ! Hélas ! je n'indiquerois que trop bien auffi celles de l'iniquité. Elles fe montrent chaque jour en grand nombre à nos yeux ; chaque jour elles frappent nos oreilles. — Eh bien, voulez-vous que nous écrivions ici un D, & là un A (1) ? Ce qui nous paroîtra l'œuvre de la juftice nous le placerons sous le D, & nous mettrons sous l'A ce qui nous

---

(1) Le D eft la premiere lettre du mot grec *dicaiosynè*, la juftice ; & l'A la premiere lettre du mot *adikia*, l'iniquité.

paroîtra l'œuvre de l'iniquité. — Je le veux bien, fi cela vous femble nécefsaire.

Socrate écrivit ces deux marques. Ne trouve-t-on pas, reprit-il, le menfonge parmi les hommes ? — On ne le trouve que trop. — Où le placerons-nous ? — Sous la marque de l'injuftice apparemment. - Les hommes ne trompent-ils pas ? — Trop fouvent. — Où placerons-nous la tromperie ? — Encore sous l'injuftice. — Et l'action de nuire aux autres ? — De même. — Celle de réduire quelqu'un en fervitude ? — Toujours de même. — Nous ne placerons donc rien de tout cela du côté de la juftice ? — Cela feroit afsez étrange.

— Suppofons donc à préfent

qu'un général réduife en fervitude une nation injufte & ennemie : dirons-nous qu'il fait une injuftice ? — Non vraiment. — Nous dirons donc que ce qu'il fait eft jufte ? — Sans doute. — Et s'il trompe les ennemis ? — Cela eft encore jufte. — Mais s'il les pille, s'il enleve leurs biens ? — Il ne fait rien que de jufte. Je croyois que les queftions que vous me faifiez ne regardoient que nos amis. — Ainfi tout ce que nous avions attribué à l'iniquité, il faudra donc à préfent l'attribuer à la juftice ? — Je le penfe. — Mettons donc toutes ces actions à la place que vous leur marquez. Voulez-vous à préfent que nous pofions pour principe qu'elles deviennent juftes contre des ennemis, mais qu'il

seroit injufte de fe les permettre a-
vec des amis; qu'on ne peut, avec
ceux-ci, mettre trop de droiture,
trop de fimplicité dans fa conduite ?
— Nous fommes d'accord.

Et fi un général, reprit Socrate,
voit le courage de fes foldats abat-
tu ; s'il leur fait accroire qu'il lui
arrive du fecours, & qu'il rafsure
par ce menfonge leurs efprits inti-
midés ; sous quelle marque placerons-nous cette tromperie ? — Sous
celle de la juftice, à ce que je crois.
— Un enfant a befoin d'une médecine & ne veut pas la prendre ; fon
pere la lui mêle avec fes aliments,
&, par cette rufe, il lui rend la fan-
té : où mettrons-nous cette fuper-
cherie ? — A la même place que la
premiere. — Mon ami eft plongé

dans une noire mélancolie; je crains qu'il n'attente fur fes jours, je lui dérobe fon épée, toutes fes armes : où ce vol doit-il être placé ? — Il n'y a pas à héfiter ; sous la ligne de la juftice. — Vous ne prétendez donc plus à préfent qu'on foit obligé à la plus grande fimplicité, à la plus grande droiture avec fes amis ? —.Non vraiment; je cefse de le prétendre, & je rétracte s'il le faut tout ce que j'ai dit. — Cela vaut beaucoup mieux que de perfévérer dans l'erreur.

Mais, continua Socrate, il eft encore un point qu'il faut examiner. Je fuppofe deux hommes qui emploient avec leurs amis des fupercheries nuifibles : mais l'un a defsein de tromper, l'autre ne sait ce qu'il fait : lequel des deux eſt le plus injuſte ? — Je l'avouerai, Socrate ; j'ai perdu toute confiance dans les réponſes que je puis faire. Les choſes que nous avons examinées me paroiſsent toutes différentes de ce que je les croyois d'abord. Il me ſemble cependant que le plus injuſte eſt celui qui a la volonté de tromper. — Penſez - vous que la juſtice ſoit une ſcience qui ait ſes principes, & qu'on puiſse l'apprendre comme on apprend à écrire ? — Je le penſe. — Et quel eſt celui qui ſait le mieux écrire, à votre avis ? eſt-ce celui qui écrit mal de deſsein prémédité, ou celui qui n'écrit pas bien parcequ'il ne ſait pas écrire mieux ? — C'eſt celui qui écrit mal à deſsein ; car il pourra bien écrire quand il le voudra. — Ainſi celui qui écrit mal parcequ’il le veut bien , ſait écrire ; celui qui n’écrit pas bien malgré lui ne le ſait pas ? — Aſſurément. — Quel eſt donc celui qui connoît la juſtice ? eſt-ce celui qui ment & trompe parcequ’il le veut bien , ou celui qui trompe & ment ſans le vouloir ? — C’eſt le premier. — Vous dites donc que celui qui ſait écrire eſt plus ſavant dans les lettres que celui qui ne le ſait pas ? — Il eſt vrai. — Et que celui qui connoît mieux les devoirs de la juſtice eſt plus juſte que celui qui ne les connoît pas ? — Je le crois ; ou plutôt je n’entends plus rien aux réponſes que je fais.

Mais, mon cher Euthydeme, ſi quelqu’un vouloit dire la vérité &

qu'il ne parlât jamais de la même maniere fur les mêmes chofes ; s'il difoit du même chemin tantôt qu'il conduit à l'orient & tantôt à l'occident ; & qu'en rendant le même compte, il trouvât tantôt plus & tantôt moins ; que diriez-vous d'un tel homme ? — Je serois bien obligé de dire qu'il ne sait pas ce qu'il prétendoit favoir.

Ne connoifsez-vous pas, lui demanda Socrate, une efpece de gens qu'on appelle efprits ferviles ? — Afsurément. — Et c'eft à caufe de leur ignorance qu'on leur donne ce nom : mais eft-ce parcequ'ils ignorent l'art de travailler le cuivre ? — Non, fans doute. — Eft-ce parcequ'ils ne favent pas le métier de maçons ? — Pas davantage. — Seroit - ce parcequ'ils ne favent pas faire des fouliers ? — Non vraiment, c'eft bien tout le contraire ; car ordinairement ceux qui favent le mieux ces métiers sont d'une condition fervile. — On donne donc ce nom injurieux à ceux qui ignorent ce que c'eft que le beau, le jufte, l'honnête ? — C'eft ce que je crois. — Jeune homme, faites donc vos efforts pour n'être pas compté parmi les efprits ferviles.

VII.

EN vérité, Socrate, dit triftement Euthydeme, je me croyois bien avancé dans la philofophie, & je ne doutois pas qu'elle ne dût m'apprendre tout ce qui convient à un homme qui tend à la vertu. Figurez-vous quelle eft à préfent ma douleur en voyant que, pour fruit de tant de peines, je ne puis pas même répondre aux queſtions qu'on me fait ſur ce qu'il eſt le plus important de ſavoir, & que je ne connois plus aucune route qui puiſse me conduire à devenir meilleur.

Dites-moi, mon cher Euthydeme, avez-vous été quelquefois à Delphes? — J'y ai été deux fois. — Avez-vous pris garde à cette inſcription qui ſe lit ſur la façade du temple: CONNOIS-TOI TOI-MÊME? — J'y ai fait attention. — Avez-vous méprisé cet avis, ou vous êtes-vous bien examiné vous-même pour chercher à vous connoître? — Non en vérité. C'eſt une connoiſsance que je croyois poſſé-der parfaitement, puiſque ſans elle on n'en peut acquérir aucune autre.

Eh ! reprit Socrate, qu'appellez-vous se connoître ? Croyez-vous qu'il suffise pour cela de savoir son nom ? ou ne faut-il pas imiter celui qui se connoît en chevaux ? Il ne se flatte pas de bien connoître un cheval, sans avoir examiné s'il est docile ou rétif, foible ou vigoureux, lent ou vif à la course ; sans s'être en un mot bien assuré de toutes les qualités qui peuvent en faire un bon ou un mauvais cheval. De même celui qui veut se connoître ne doit-il pas s'examiner sur toutes les facultés nécessaires à l'homme pour remplir ses devoirs ? — Il me semble que ne pas connoître ses facultés, c'est en effet ne se pas connoître. — Il est certain aussi qu'on trouve dans

cette connoifsance bien des avantages dont on ne peut jouir quand
on fe ment à soi-même.

Celui qui fe connoît sait ce qui
lui eft utile, ce que fes forces peuvent fupporter, ce qu'elles refufent.
En ne faifant que ce qu'il eft capable d'entreprendre, il remplit fes
befoins & vit heureux : en s'abfte-
nant de ce qu'il ne sait pas faire, il
évite les fautes, & n'a pas la honte
d'avoir mal fait : il eft en état de
mettre les autres hommes à leur
jufte valeur, & de les employer utilement pour fon propre avantage :
par leur fecours il fe procure de
grands biens, il s'épargne de grands
maux. Mais celui qui ne fe connoît
pas & qui s'abufe fur fes facultés,
ne sait pas mieux juger les autres

hommes qu'il ne se juge lui-même ; il ne s'entend pas mieux aux affaires ; il ne sait ni ce qu'il lui faut, ni ce qu'il fait, ni ce qui peut lui être utile : il se trompe en tout, perd de grands avantages, & tombe dans de funestes inconvénients.

Celui qui sait bien ce qu'il fait réussit dans toutes ses entreprises, parvient aux honneurs, s'éleve à la gloire. Les hommes qui lui resemblent aiment à l'employer. Dans les revers, on s'empresse à recevoir ses conseils, on se livre sans réserve entre ses mains, on ne fonde que sur lui l'espérance de toute sa félicité, on le récompense par un attachement sans bornes.

Examinez à présent celui qui ne sait ce qu'il fait. Il est incapable de prendre un parti ; il voit échouer tous ses projets ; il est puni par les malheurs qu'il s'est attirés : on le méprise, on en fait son jouet, il traîne ses jours dans l'opprobre.

On peut en dire autant des états qui ne connoissent pas leurs forces : ils osent attaquer des voisins plus puissants, & finissent par être renversés ou par tomber dans la servitude.

VIII.

SOYEZ persuadé, dit Euthydeme, que je sens bien tout le prix de la connoissance de soi - même. Mais daignez m'apprendre par où l'on doit commencer à s'examiner. Je vous donne toute mon attention.

Connoissez-vous parfaitement, lui demanda Socrate, quels sont les véritables biens, les véritables maux ? — Par Jupiter ! si j'ignorois cela, je me croirois au-dessous du dernier esclave. — Puisque vous le savez si bien, faites-moi le plaisir de me l'apprendre. — Cela n'est pas bien difficile. D'abord je crois que c'est un bien d'être en bonne santé, que c'est un mal d'être malade. Je crois aussi que les boissons, les aliments, les travaux, sont autant de biens quand ils procurent la bonne santé, que ce sont des maux quand ils causent des maladies. — Par conséquent la santé, la maladie, sont elles-mêmes des biens quand elles procurent du bien, sont des maux quand elles font du mal. — Est-ce que la santé produit quelque chose de mal ? est-ce que

la maladie peut faire quelque bien ?
— Sans doute. Parcequ'on est en
bonne santé, on va à la guerre, on
y trouve la mort : on s'embarque,
& l'on périt. On est malade, on
reste chez soi, & l'on est sauvé. —
Vous avez raison : mais vous voyez
d'un autre côté que ceux qui jouis-
sent de toute leur vigueur se trouvent aux bonnes occasions ; que
ceux qui sont dans un état de foiblesse les manquent. — Si la santé,
la maladie, sont quelquefois utiles
& quelquefois nuisibles, elles ne
sont donc en elles-mêmes ni des
biens ni des maux. — A les considérer ainsi, vous avez raison.

Mais du moins, poursuivit Euthydeme, on ne peut douter que la
science ne soit un bien : car de

quelle affaire l'homme inſtruit ne ſe tirera-t-il pas mieux que l'ignorant ? — Comment donc ! n'avez-vous pas entendu parler de Dédale ? ne ſavez-vous pas que ſes talents furent la cauſe de ſes malheurs ; qu'il fut pris par le roi Minos, forcé de le ſervir, privé à la fois de ſa patrie & de la liberté ; que, voulant prendre la fuite, il perdit ſon fils qui l'accompagnoit ; que lui-même ne put ſe ſauver ; & que, tranſporté chez des peuples barbares, il fut encore une fois réduit en eſclavage ? — Je sais bien qu'on raconte cette hiſtoire. — Et n'avez-vous pas appris les infortunes de Palamede ? Ne croit-on pas généralement qu'Ulyſſe, jaloux de ſa ſageſſe, lui fit donner la mort ? — Je sais encore cela. — Combien de gens le roi de Perſe n'a-t-il pas fait enlever, ne retient-il pas dans les fers par la ſeule raiſon qu'ils ont des talents !

Vous avouerez du moins, Socrate, que le bonheur eſt un bien. — Oh ! aſſurément ; pourvu qu'on ne le faſſe pas conſiſter dans des biens équivoques. — Eh ! qu'y a-t-il d'équivoque dans ce qui fait le bonheur ? — Rien du tout, à moins qu'on ne joigne à l'idée du bonheur la beauté, la force, la richeſſe, la gloire, & mille autres choſes ſemblables. — Et comment faire autrement ? Eſt-il poſſible d'être heureux ſans quelques unes de ces choſes-là ? — Eh bien, confondez, j'y conſens, avec le bonheur tous ces avantages si souvent funestes. Combien de fois la beauté n'a-t-elle pas été la cause de la corruption! Que de gens sont tombés dans le malheur pour avoir formé de grands desseins parcequ'ils avoient une grande force! Combien d'autres, amollis par les richesses, sont tombés dans les embûches qu'elles leur avoient fait dresser! Que d'hommes illustres ont trouvé leur perte dans l'éclat de leur gloire & dans la puissance qu'elle leur avoit procurée! — Si j'ai tort de louer même le bonheur, j'avoue que je ne sais plus ce qu'il faut demander aux dieux.

C'est peut-être, mon cher Euthydeme, que vous n'avez pas asez bien considéré les choses, parceque vous vous croyiez trop savant. Enfin, puisque vous vous disposez à entrer dans l'administration d'un état démocratique, vous savez sans doute ce que c'est que le gouvernement populaire que nous appellons démocratie. — Je le sais fort bien. — Croyez-vous qu'il soit possible de connoître la démocratie sans connoître le peuple ? — Je suis loin de le croire. — Eh bien ! qu'est-ce que vous appellez le peuple ? — Les plus pauvres citoyens. — Vous savez donc ce que c'est que les pauvres ? — Comment l'ignorer ? — Et ce que c'est que les riches ? — Tout aussi bien. — Qui sont ceux que vous appellez pauvres & ceux que vous appellez riches ? — J'appelle pauvres ceux qui n'ont pas le nécessaire ; & riches, ceux qui ont plus que le nécessaire. — N'avez-vous pas remarqué que certaines gens, avec peu de chose, font encore des épargnes; & que d'autres, avec de grands biens, n'ont pas même le nécessaire ? — Cela est certain, & vous avez raison de me le rappeller. Je sais même des souverains qui vivent dans la plus grande détresse, & que la misere force à commettre des injustices. — Voilà donc des souverains qu'il faudra placer, suivant vous, dans la classe du peuple; & les gens qui ont peu de fortune & qui la savent bien économiser seront comptés parmi les riches. — Il vaut autant que j'en convienne, car je ne trouve rien à vous répondre, & je m'apperçois que je ferai mieux de me taire. Je crains bien d'être forcé d'avouer que je ne sais rien.

Il se retira tout hors de lui, se méprisant lui-même, & ne se regardant plus que comme un esclave. La plupart des jeunes gens dont Socrate confondoit ainsi l'orgueil ne revenoient plus le voir, & il trouvoit que cette mauvaise honte mettoit le comble à leur sottise. Euthydeme ne suivit pas leur exemple. Il comprit qu'il ne pourroit acquérir des talents que dans la fréquentation de Socrate. Il ne le quittoit pas qu'il n'y fût forcé par des affaires indispensables : il l'imitoit même à quelques égards. Socrate remarquoit avec plaisir les bonnes dispositions de ce jeune homme, & ne se permettoit plus de lui tenir des discours capables de le rebuter : il fe contentoit de lui donner, dans la forme la plus fimple & avec beaucoup de clarté, les connoifsances qu'il lui croyoit nécefsaires, & de lui indiquer les études auxquelles il devoit s'appliquer.

IX.

IL ne cherchoit pas à rendre les jeunes gens qui le fréquentoient éloquents, habiles, déliés : il regardoit comme fon principal objet de leur donner un efprit jufte & fain, perfuadé que, fans cette qualité, tous les grands talents ne faifoient que rendre les hommes plus injuftes, que leur donner plus de moyens de faire le mal. Mais fur-tout il s'appliquoit à leur infpirer pour les dieux des fentiments de refpect &

de reconnoiſsance. D'autres qui ont
aſſiſté à quelques uns de ſes entretiens ſur ce ſujet les ont déja publiés :
pour moi, je vais rapporter une
converſation qu'il eut avec Euthydeme, & dont j'ai moi-même été
témoin.

Dites-moi, mon cher Euthydeme, avez-vous bien réfléchi ſur les
bienfaits de la providence, qui veille
à nous procurer tous nos beſoins ?
— C'eſt une pensée dont je ne me
suis point aſsez occupé. — D'abord
vous ſavez que nous avons beſoin de
la lumiere, & les dieux nous la donnent. — Sans elle nous aurions des
yeux, & nous serions comme les
aveugles. — Nous avons beſoin de
repos, & ils nous donnent la nuit,
dont le ſilence & l'obſcurité nous

engagent ſi doucement à nous livrer au ſommeil. — Ce préſent eſt bien digne encore de notre reconnoiſ-fance. — Le ſoleil eſt lumineux ; il nous indique les heures, il éclaire à nos yeux tous les objets. La nuit eſt obſcure ; elle ne peut rien nous découvrir : mais les dieux l'ont fait briller de la lumiere des aſtres, qui nous indique les heures de la nuit, & nous permet de ne point la paſser toute entiere dans l'inaction. La lune, par ſa clarté, nous donne la meſure des nuits & des mois.

Nous avons beſoin de nourri-ture : les dieux ordonnent à la terre de nous la prodiguer ; ils ont mar-qué les ſaiſons convenables à ſes productions ; ils ont voulu qu'en ſatisfaiſant le beſoin, elles nous

fissent encore éprouver le plaisir.
— C'est donner aux hommes une
marque bien sensible de leur amour.
— L'eau doit être regardée comme
un de leurs dons les plus précieux.
C'est par elle que la terre & les sai-
sons enfantent toutes les substances
qui nous sont nécessaires, & four-
nissent à leur accroissement : elle
contribue à notre nourriture ; mê-
lée avec nos aliments, elle en rend
l'apprêt & l'usage plus faciles, elle
leur prête plus de délicatesse & de
salubrité. Comme elle nous sert à
un grand nombre d'usages, les dieux
nous l'ont accordée avec profusion.
— Nouveau témoignage de leur
providence.

— Ils nous ont donné le feu, par
qui nous bravons les rigueurs du

froid : il nous éclaire dans l'obscurité, nous l'employons dans tous nos arts, nous le faisons servir à tous nos besoins. Sans nous égarer dans de longs détails, le feu n'entre-t-il pas dans les plus belles & les plus utiles inventions des hommes ? — C'est encore un bienfait des dieux.

— Eh ! reconnoîtrons-nous moins leur bonté dans le soleil ? Cet astre retourne vers nous à la fin de l'hiver, mûrit sur son passage les productions de la terre, desseche celles dont la saison est écoulée : &, après nous avoir rendu ce service, il ne nous approche pas de trop près ; mais il retourne sur ses pas, comme s'il craignoit de nous offenser par l'excès de sa chaleur. Parvenu à cette distance où nous sentons nous-mêmes qu'un froid plus rigoureux nous feroit périr, il cesse de s'éloigner davantage, & recommence sa carriere jusqu'à ce qu'il ait atteint cette région du ciel où sa chaleur vivifiante rend plus sensibles ses bienfaits. — Il semble que tant de merveilles ne soient opérées qu'en faveur de l'homme. — Il est encore certain que si les grandes chaleurs & les froids rigoureux se succédoient avec rapidité, nous n'aurions pas la force d'en supporter les excès : mais le soleil s'avance vers nous si lentement, il s'en éloigne avec tant de lenteur, que nous passons, sans même le sentir, par les extrémités opposées de la chaleur & du froid.

— Tant de merveilles me font douter si les dieux ont d'autre objet

que de répandre fur nous leurs faveurs. Une feule difficulté m'arrête;
c'eft que les autres animaux parta-
gent leurs bienfaits avec nous. —
Eh! n'eft-il pas manifefte qu'ils naif-
fent, qu'ils sont nourris pour les
hommes? Quelle autre créature tire
une auffi grande utilité que l'homme, des chevres, des brebis, des
chevaux, des bœufs, & des autres
animaux? Il me femble que nous
en faifons même un plus grand ufage que des végétaux : ils ne fervent
pas moins à notre nourriture ; ils
ne fervent pas moins à mille ufages
différents. On trouve même bien
des hommes qui ne fe nourriffent
pas des productions de la terre, mais
de lait, de fromage & de chair. Nous
apprivoifons, nous domtons les ani-

maux les plus utiles ; nous les for-
çons à nous prêter leurs fecours dans
les combats, nous en faifons enfin
nos efclaves. — J'en conviens avec
vous ; car je vois que les animaux qui
ont bien plus de force que l'homme
fe foumettent à fon empire, & lui
rendent les fervices qu'il lui plaît
d'exiger d'eux.

— Mais comment pourrions-
nous jouir des ouvrages des dieux,
de ces ouvrages à la fois fi utiles, fi
beaux, fi variés, s'ils ne nous avoient
pas accordé des fens capables de recevoir les différentes perceptions
que ces merveilles excitent en nous ?
Sans le fecours de nos fens, comment pourrions-nous profiter des
biens que le ciel nous a départis ?

Les dieux ont imprimé en nous

Tome II.   P

l'intelligence : c'eſt par elle que nous raiſonnons ſur les objets ſoumis à nos ſens, que nous en conſervons l'image dans notre mémoire, que nous jugeons de leur utilité, que nous trouvons l'art de les appliquer à notre uſage & d'éviter les maux qu'ils pourroient nous faire éprouver.

Entre tant de bienfaits, oublierai-je le don de la parole ? Par elle nous nous communiquons des avantages réciproques, nous nous donnons des inſtructions mutuelles, nous établiſsons des loix, nous gouvernons les empires. — Non, il n'eſt pas poſſible de méconnoître les tendres soins que les dieux ont pris de l'eſpece humaine.

— S'ils ne nous ont pas accordé

de prévoir par nous-mêmes ce qui peut nous être utile dans l'avenir, ils nous dévoilent les événements futurs par la divination ; ils daignent répondre à nos demandes, & nous apprendre comment nous devons nous conduire. — Il me semble, Socrate, que vous avez été traité plus favorablement que les autres hommes : vous n'avez pas besoin d'interroger les dieux ; ils vous indiquent d'avance ce que vous devez faire, ce que vous devez éviter.

X.

Vous reconnoîtrez, mon cher Euthydeme, que je ne vous ai pas trompé, si, content d'admirer les dieux dans leurs ouvrages, de les adorer, de les révérer, vous n'attendez pas qu'ils se manifestent visiblement à vos regards. C'eſt par leurs œuvres que les dieux ſe montrent aux mortels. Toutes les divinités nous prodiguent les biens dont nous jouiſsons, mais elles ne paroiſent pas à nos yeux pour nous les prodiguer. Le Dieu ſuprême, celui qui a fait & qui dirige le monde, ce monde en qui ſe réuniſsent tous les biens & toute la beauté ; le Dieu qui, pour notre uſage, maintient les œuvres de la création dans la fleur de la jeuneſse & dans une vigueur toujours nouvelle, qui les force d'obéir à ſes ordres avec plus de promptitude que la pensée, & qui leur défend de s'égarer jamais ; ce Dieu ſe manifeſte à nous par ſa puiſsance, mais il ne ſe montre pas lui-même à nos yeux.

Les miniſtres même de la divinité ſe dérobent à nos regards. Le
ſoleil répand ſa clarté ſur toute la
nature ; mais il ne nous permet pas
d'arrêter curieuſement ſur ſon diſ-
que nos regards téméraires, & l'on
ne peut, ſans être privé de la vue,
avoir l'audace de le fixer. La foudre
eſt lancée du haut des cieux ; elle
briſe tout ce qu'elle rencontre : mais
on ne la voit ni quand elle ſe pré-
cipite, ni quand elle frappe, ni quand
elle ſe retire. Nous ſentons la pré-
ſence des vents, nous voyons leurs
effets ; nous ne pouvons les voir
eux-mêmes. Si dans notre foible
nature quelque choſe approche de
celle des dieux, c'eſt notre ame ſans
doute : nous ſentons qu'elle regne
en nous ; mais nous ne pouvons la

P iij

voir. Gardez-vous bien de méprifer les fubftances invifibles, reconnoifsez leur puifsance par leurs effets, & révérez la divinité.

— Non, jamais je ne manquerai, Socrate, à refpecter les dieux : mais ce qui m'afflige, c'eft que je ne vois perfonne leur rendre afsez de graces pour de fi grands bienfaits. — Ne vous livrez pas à ce chagrin, mon cher Euthydeme. Vous favez ce que le dieu dont on confulte l'oracle dans le temple de Delphes répond à ceux qui l'interrogent fur la maniere dont il faut honorer les dieux. Suivez, dit-il, les loix de votre pays. Et que dit la loi dans tous les pays de la terre ? Que les dieux n'exigent rien de nous au-delà de nos facultés. La maniere la plus convenable d'honorer les dieux, n'eſt-ce pas celle qu'ils nous preſcrivent eux-mêmes ? Mais n'omettons rien de ce qui eſt en notre pouvoir ; car ce ne ſeroit plus les révérer. Avons-nous fait tout ce qui eſt en notre puiſsance ? nous avons rendu aux dieux l'hommage que preſcrivent les loix du monde entier. Ne négligeons rien, employons toutes nos facultés pour leur plaire, ne craignons pas d'eſpérer les plus grands de leurs bienfaits. N'eſt-ce pas de ceux qui ont le plus de pouvoir qu'on a raiſonnablement le droit d'attendre les plus grands a-vantages ? Mais comment eſpérer leur faveur, ſi ce n'eſt en cherchant à leur plaire ? Et comment peut-on mieux leur plaire, qu'en leur accordant une entiere obéïsance ?

C'étoit par de semblables discours, & sur-tout par sa conduite,
que Socrate rendoit ses disciples
plus religieux.

XI.

IL étoit loin de leur cacher ses
sentiments sur la justice, & il les
faisoit d'ailleurs connoître asez par
ses actions. En public, en particulier, sa conduite envers les citoyens
étoit toujours conforme aux loix ;
il cherchoit à leur être utile à tous.
Soumis aux chefs de la république
en tout ce que la loi commande, il
leur obéïsoit également à la ville
& dans les armées, & personne ne
respectoit plus le bon ordre. Lorsqu'il présida aux asemblées en qua-
-lité d'épistate, il ne permit pas au

peuple de confacrer par fon fuffrage un décret injufte ; & , toujours d'accord avec la loi, il ofa réfifter à la multitude effrénée dont tout autre auroit craint de combattre la fureur. Quand les trente lui donnerent des ordres contraires à la loi, il cefsa d'obéir. Ils lui prefcrivirent de ne pas avoir d'entretien avec la jeunefse ; ils le chargerent, avec quelques autres citoyens, d'amener un homme qu'ils vouloient condamner à la mort : feul il ofa réfifter à leurs ordres, parcequ'ils offenfoient la loi.

Il fut accusé par Mélitus. C'eft la coutume des accusés de fe défendre devant les juges, de chercher à fe les rendre favorables, de les flatter, de leur faire les fupplications les plus baſses & les plus contraires aux loix; pluſieurs ſe sont fait abſoudre par ce manege : mais il en eut horreur, & ne ſe permit rien dont la loi pût être offensée. Cependant s'il eût fait quelques foibles démarches, il ne lui auroit pas été difficile d'obtenir ſa grace : mais il aima mieux mourir en obſervant la loi, que de l'enfreindre pour conſerver ſa vie. C'eſt ce qu'il répéta pluſieurs fois à différentes perſonnes.

Je n'ai pas oublié la converſation qu'il eut ſur la juſtice avec Hippias d'Elée. Il y avoit long-temps qu'Hippias n'étoit venu à Athenes ; il rencontra Socrate préciſément lorſque celui-ci diſoit devant pluſieurs perſonnes : Veut-on faire apprendre à

un jeune homme le métier de cor-
donnier, de chaudronnier, de ma-
çon ? a-t-on envie d'en faire un
écuyer ? on eſt ſûr de lui trouver par-
tout des maîtres ; on aſsure même
qu'on trouve des gens tout prêts à ſe
charger de l'inſtruction d'un bœuf
ou d'un cheval : mais ſi vous voulez
apprendre à être juſte, ſi vous voulez que votre fils, votre valet, ſoient
inſtruits de cette grande ſcience,
vous ne pourrez trouver nulle part
perſonne qui ſe charge de l'enſei-
gner. En vérité, je trouve cela bien
étonnant.

X I I.

HIPPIAS, qui l'avoit écouté,
lui dit d'un ton railleur : Comment !
Socrate, vous répétez donc encore
les mêmes choſes que je vous ai déja

entendu dire il y a si long-temps ?
— Oui, toujours les mêmes choses,
& toujours sur les mêmes sujets.
Pour vous, qui êtes un homme plein
de science, peut-être sur les mêmes
sujets dites-vous toujours des choses nouvelles ? — Assurément ; je
tâche de ne me pas répéter, & de
ne jamais rien dire que de nouveau.
— Toujours du nouveau, même
sur les choses que vous savez ! Si
donc on vous demande combien de
lettres composent le nom de Socrate
& quelles sont ces lettres, vous tâ-
cherez de répondre tantôt d'une maniere & tantôt d'une autre ? ou si
l'on vous demande si deux fois cinq
font dix, vous ne ferez pas à présent la même réponse que vous au-
riez faite autrefois ? — Oh ! sur ces

queſtions-là, Socrate, je suis comme vous ; je dis toujours la même
choſe : mais, ſur la juſtice, je crois
avoir à dire à préſent des choſes à
quoi ni vous ni perſonne ne ſauroit
rien objecter.

— Par Junon ! voilà une excellente découverte que vous avez
faite ! Les juges, déſormais toujours
d'accord, rendront des arrêts toujours équitables ; les citoyens n'auront plus de diviſions d'intérêts, de
procès, de querelles ; on ne verra
plus de ſentiments oppoſés, plus
de ſéditions ; les nations elles-mêmes, parfaitement d'accord ſur leurs
droits réciproques, ne ſe feront plus
la guerre : & c'eſt vous qui ſerez
l'auteur d'un ſi grand bien ! Oh ! je
ne vous quitterai pas que vous ne

m'ayez appris cet admirable secret.
— Et moi, je ne vous dirai rien que
vous ne m'ayez donné votre définition de la justice : car vous croyez
qu'il suffit de vous moquer des autres, de les interroger, de les em-
barrasser par des objections ; mais
vous ne découvrez jamais votre
sentiment sur aucun sujet. Cette
méthode-là est très commode, en
vérité ; elle vous ôte l'embarras
de rendre raison de votre façon de
penser.

— Comment ! vous ne savez
donc pas, mon cher Hippias, que
je ne cesse jamais de montrer ce que
je pense sur la justice ? — Dites-moi
donc en quels termes vous la défi-
nissez. — Ce n'est pas par des paroles que je découvre mes senti-

ments à ce fujet, mais par des actions. Trouvez-vous qu'elles ne vaillent pas des paroles ? — Beaucoup mieux afsurément ; car bien des gens difent des chofes fort juftes, & font de grandes injuftices : mais en conformant à la juftice toutes fes actions, il eft impoffible d'être injufte. — Eh bien ! avez-vous jamais appris que j'aie rendu un faux témoignage, que j'aie calomnié, que j'aie brouillé des amis, que j'aie introduit la difcorde dans l'état, que j'aie fait enfin quelqu'autre injuftice ? — Non, jamais. — Et s'abftenir de l'injuftice, n'eft-ce donc pas être jufte ?

— Oh ! je vous vois venir, Socrate. Vous cherchez à m'échapper pour ne me pas dire ce que vous penfez fur la juſtice ; car vous ne dites pas ce que font les hommes juſtes, mais ce qu'ils ne font pas. —— Je croyois que le caractere de la juſtice étoit de ſe refuſer à l'iniquité. Si vous ne penſez pas de même, je vous dirai que la juſtice eſt l'obſervation de la loi. Êtes-vous plus content à préſent ? — Vous prétendez donc, Socrate, que ce qui eſt conforme à la loi, eſt en même temps ce qui eſt juſte ? — Oui, voilà ce que je penſe. — Je ne ſens pas bien ce que vous appellez conforme à la loi, & ce que vous appellez juſte. — Vous connoiſsez cependant les loix de l'état ? — Oui, je les connois. — Quelles sont-elles ? — C'eſt ce que les citoyens, d'un commun accord, ont preſcrit de faire, ont ordonné de s'interdire. — Eh bien! le citoyen qui, dans l'état, obferve ces ordres, s'accorde avec les loix : celui qui ne s'y conforme pas les enfreint. — Cela eft inconteftable. — Ainfi celui qui leur eft foumis obferve la juftice, celui qui leur réfifte fe rend coupable d'iniquité. — Paffons. — Celui qui obferve la juftice eft jufte, celui qui ne l'obferve pas eft injufte. — On vous accorde cela. — Donc celui qui fe foumet aux loix eft jufte, & celui qui les enfreint eft injufte.

— Eh! comment regarderois-je les loix comme quelque chofe de fi important, & me ferois-je une affaire férieufe de leur obéir, lorfqu'il arrive fouvent à ceux mêmes qui les ont portées de les condamner enfuite & de les abroger ? — Eh quoi ! n'arrive-t-il pas fouvent que les états entreprennent la guerre, & qu'ils font enfuite la paix ? — Sans doute. — Eh bien, fi vous blâmez ceux qui obfervent les loix, par la raifon qu'elles peuvent être abrogées, condamnez donc auffi les foldats qui fe comportent bien à la guerre, puifque la paix pourra bien fe faire un jour. Méprifez-vous les citoyens qui, dans les combats, cherchent à fecourir leur patrie ? — Non, en vérité. — N'avez-vous pas remarqué que Lycurgue n'a rendu la république de Lacédémone fi différente de toutes les autres, qu'en y introduifant le plus grand refpect pour les loix ? Ne regarde-t-on pas comme les plus habiles magiftrats

ceux qui favent le mieux infpirer
aux citoyens la foumiffion aux loix?
& la république où les loix sont le
plus révérées ne jouit-elle pas de la
meilleure conftitution pendant la
paix, n'eft-elle pas la plus invincible
à la guerre?

Rien n'eft fi beau que la concorde
dans les états. Les magiftrats & les
premiers de la nation ne cefsent
d'exhorter les citoyens à vivre entre
eux dans une parfaite union : on
leur fait même jurer de la mainte-
nir, & la loi qui oblige à prêter ce
ferment eft reçue dans toute la Grece. Mais quel eft l'efprit de cette
loi? Eft-ce que les citoyens portent
tous un même jugement fur les
chœurs de mufique? qu'ils applau-
difsent tous aux mêmes joueurs de

flûte ? que tous donnent la préfé-rence aux mêmes poètes ? que tous enfin s'accordent entre eux dans leurs goûts & dans leurs plaisirs ? Non, sans doute. En quoi doivent-ils donc s'accorder ? Dans l'obéis-sance aux loix. Tant qu'ils leur res-tent soumis, les états conservent toute leur vigueur & la plus brillante prospérité : dès que la discorde regne dans la nation, l'état cesse d'être bien gouverné, le désordre se met dans les familles.

Considérons les particuliers : quel est le citoyen qui craint le moins de voir sa conduite recherchée, qui est le plus assuré de parvenir aux honneurs ? n'est-ce pas celui qui obéit aux loix ? Quel est celui qui, dans les tribunaux, est plus certain

de gagner fa caufe ? A qui confiera-
t-on plus volontiers fa fortune,
l'éducation de fes fils, la pudeur
de fes filles ? A qui l'état lui-même
accordera-t-il toute fa confiance ?
Tous ces avantages sont réfervés à
l'obfervateur des loix. De qui la
femme, les parents, les domefti-
ques, les étrangers, les amis, les
citoyens attendent-ils le plus d'équité ? Avec qui les ennemis aimeront-
ils mieux convenir d'une treve, dref-
fer les conditions d'un traité, régler
les conventions de la paix ? Avec
qui les alliés préféreront-ils d'avoir
affaire ? A qui remettront-ils plus
volontiers leurs troupes, leurs gar-
nifons, leurs villes ? De qui le bien-
faiteur attendra-t-il le plus de re-
connoifsance ? Tant d'eftime n'eft

due qu'au citoyen ami des loix. Eh! qui aime-t-on mieux obliger que celui qu'on croit incapable d'ingratitude ? n'eft-ce pas lui dont on defire le plus être l'ami, dont on voudroit le moins devenir l'ennemi ? Quel eft encore celui qu'on craindra le plus d'attaquer, dont on recherchera le plus vivement l'amitié, dont on craindra le plus de s'attirer la haine ? n'eft-ce pas celui qui réunit un grand nombre d'amis prêts à lui offrir leurs fecours, & qui n'a pas un ennemi ? Je crois donc avoir afsez clairement prouvé, mon cher Hippias, que ce qui eft conforme aux loix s'accorde en même temps avec la juftice. Si vous penfez autrement, je vous prie de m'inftruire. — Il me femble que, fur cet article, je penſe abſolument comme vous.

XIII.

NE connoiſsez - vous pas auſſi, mon cher Hippias, des loix non écrites ? — Sans doute, & ce sont celles qui regnent dans tous les pays. — Direz-vous que ce sont les hommes qui ont porté ces loix ? — Et comment le dirois-je ? Ils n'ont pu ſe raſsembler pour les dreſser ; ils n'auroient méme pu s'entendre, puiſqu'ils parlent tant de langues différentes. — Qui croyez - vous donc qui ait porté ces loix ? — Ce sont les dieux qui les ont preſcrites aux hommes ; & la premiere de toutes, reconnue dans le monde entier, eſt celle qui ordonne de révérer les dieux. — N'eſt-il pas auſſi par-tout ordonné d'honorer ſes parents ? —

Sans doute. — Et les mêmes loix ne défendent-elles pas aux peres & aux meres d'époufer leurs enfants ? — Oh ! pour cette loi-ci, je ne crois pas qu'elle vienne de Dieu. — Pourquoi ? — C'eſt qu'elle eſt quelquefois tranfgreſsée.

— On en tranfgreſse bien d'autres : mais les hommes qui tranfgreſsent les loix divines ne peuvent éviter la punition de leur crime, tandis qu'il eſt des moyens d'éviter les peines infligées aux infracteurs des loix humaines. On peut s'y fouftraire en fe cachant, & la force oſe les braver. — Et quelle eſt donc cette punition que ne peut eſquiver le pere qui époufe fa fille, le fils qui époufe fa mere ? — La plus grande de toutes : que peut-il en effet arriver de plus funefte que de donner le jour à une mauvaife poftérité ? — Et pourquoi leur poftérité seroit-elle mauvaife ? S'ils sont bons eux-mêmes, qui empêche que leur poftérité ne leur refsemble ? — Ici la bonté de caractere ne fuffit pas : il faut encore une qualité qui accompagne la fleur de l'âge. Croyez-vous donc que la faculté génératrice foit la même dans l'âge de la force, la même dans celui qui tient encore à l'enfance, & la même vers le déclin de la vie ? — Cela n'eft pas vraifemblable. — Et quel âge croyez-vous le plus favorable à la propagation de l'efpece ? — Celui de la pleine vigueur, fans doute. — En deçà & au-delà cet âge, on ne peut donc fe promettre une poftérité faine &

Tome II. R

vigoureuſe ? — Je ne le crois pas. — Ce n'eſt donc pas engendrer comme la nature le preſcrit ? — Non, ſans doute. — Qu'appellerons-nous donc une mauvaiſe poſtérité, ſi ce n'eſt celle qui provient de ces unions condamnables ? — Je ſuis encore de votre avis ſur ce point.

— Dites-moi, n'eſt-ce pas partout une loi que ceux qui font du bien méritent de la reconnoiſance ? — C'en eſt une : cependant on la tranſgreſe. — Oui ; mais les tranſgreſeurs ſont punis. Abandonnés par les amis qui les ont obligés, ils ſe voient réduits à rechercher des hommes qui les haïſsent. L'amitié conſiſte à faire du bien à ſes amis ; mais les ingrats ſavent que leurs bienfaiteurs n'ont plus pour eux que de la haine, & ils continuent de leur faire bassement la cour pour en arracher de nouveaux bienfaits. — Ainsi la peine suit toujours la transgression. On reconnoît en cela l'ordre divin, mon cher Socrate ; on voit que c'est l'ouvrage d'un législateur bien supérieur aux hommes. — Et croyez-vous que les dieux ordonnent des choses justes, ou qu'ils prescrivent des loix étrangeres à la justice ? — Et comment leurs loix lui seroient-elles étrangeres ? Qui pourroit même ordonner ce qui est juste, si ce n'est les dieux ? — Ce qui plaît aux dieux, mon cher Hippias, est donc en même temps & juste & conforme aux loix.

C'est ainsi que, par sa conduite & ses discours, Socrate imprimoit de plus en plus l'amour de la justice dans le cœur de ceux qui le fréquentoient.

XIV.

IL ne s'appliquoit pas moins à former ses disciples à la pratique de la vertu, qu'à leur en donner les principes. Persuadé que la tempérance est la premiere qualité d'un homme qui veut se bien conduire, il en montroit en lui-même le plus parfait modele, il en faisoit le sujet le plus ordinaire de ses entretiens ; & comme son esprit étoit sans cesse occupé des moyens qui menent à la vertu, il les rappelloit sans cesse à tous ceux qui l'écoutoient. Je sais qu'il eut un jour avec Euthydeme, sur la tempérance, l'entretien que je vais rapporter.

Ne regardez-vous pas, mon cher Euthydeme, la liberté comme le plus beau, le plus grand de tous les biens pour l'état & pour les particuliers ? — Je n'en connois pas de plus estimable. — Celui qui se laisse dominer par la volupté, & qu'elle empêche de faire de belles actions, vous paroît-il être libre ? — Je ne crois pas qu'on puisse l'être moins. — Le pouvoir de bien faire est peut-être ce que vous appellez la liberté, & vous regardez comme une servitude d'entretenir en nous-mêmes des maîtres qui nous ravissent ce pouvoir ? — Voilà précisément ma pensée. — Ainsi les hommes intempérants ne sont à vos yeux que des esclaves ? — Je les regarde absolument comme tels, & à bien juste

titre. — Croyez-vous que les intempérants en foient quittes pour
ne pouvoir faire le bien ? Ne pen-
fez-vous pas qu'ils sont forcés de
commettre bien des chofes hon-
teufes ? — Je ne les crois pas moins
fortement pouffés vers la honte que
détournés du bien. — Que penfez-
vous des maîtres qui défendent le
bien, qui ordonnent le mal ? —
Que ce sont les plus méchants de
tous les maîtres. — Et quelle eft la
pire de toutes les fervitudes ? —
Celle qui nous foumet aux plus méchants maîtres.

— Les intempérants sont donc
enchaînés à la plus cruelle fervitude ? — C'eft ce qu'il me femble.
— Ne vous femble-t-il pas aufli que
l'intempérance arrache les hommes

à la fagefse, le plus grand des biens,
pour les précipiter dans les désor-
dres les plus contraires à la fagefse;
que, toujours excitant au plaifir,
elle défend de fe livrer à rien d'u-
tile, d'en occuper même fa pensée;
qu'elle ôte enfin aux malheureux
dont elle s'empare toutes les facultés de l'efprit? Souvent ils connoif-
fent le bien & le mal; & c'eft le mal
qu'elle les force à choifir! — Cela
eft vrai. — Où trouvera-t-on plus
difficilement de la prudence que
dans les intempérants? car rien n'eft
plus opposé que les actions de la
prudence & celles de la débauche.
— C'eft une vérité dont il faut convenir. — Eft-il rien qui, plus que la
débauche, nous détourne de la dé-
cence & du devoir? — Rien, afsuré-

ment rien. — Et le vice qui nous fait préférer ce qui nuit à ce qui eſt utile, qui nous force à nous occuper tout entiers de ce qui doit nous perdre, à négliger ce qui doit nous ſervir, qui nous contraint à ne faire que les actions les plus contraires à la prudence ; un tel vice n'eſt-il pas le plus funeſte de tous les maux ? — Il n'en eſt point de plus pernicieux. — N'eſt-il pas évident que la tempérance produit des effets abſolument contraires à ceux de la débauche ? — Cela doit être. — Et le contraire de tant de maux n'eſt-il pas un bien ? — Certainement. — Il faut donc que la tempérance ſoit pour les hommes le plus grand des biens ? — Cela eſt manifeſte.

— N'avez-vous jamais penſé une

chofe ? — Laquelle ? — C'eſt qu'on
diroit que l'intempérance peut ſeule
nous conduire au plaiſir, & qu'elle
eſt abſolument incapable de nous
le procurer; c'eſt que la tempérance
nous y mene bien plus ſûrement,
& qu'elle eſt même la vraie ſource
de la plus pure volupté. — Comment cela ? — C'eſt que l'intempérance qui ne nous permet pas d'en-
durer patiemment la faim, la ſoif,
les veilles, la privation des plaiſirs
de l'amour, nous empêche, par cela
même, de trouver une véritable
douceur à ſatisfaire les beſoins que
la néceſſité nous impoſe. Pourquoi
trouve-t-on du plaiſir à contenter
la ſoif ou l'appétit, à ſe livrer au
repos, au ſommeil, aux careſſes de
l'amour? c'eſt qu'on a eu le courage

d'en supporter le besoin : c'est qu'on a été préparé par les rigueurs de la privation à goûter tous les charmes de la jouissance. La tempérance seule nous apprend à supporter le besoin : seule elle peut nous faire connoître de véritables plaisirs. — Tout ce que vous venez de dire est d'une vérité sensible.

— C'est elle aussi, c'est la tempérance, qui nous fait connoître le vrai bien, la véritable beauté; qui nous apprend à perfectionner notre corps, à bien conduire notre maison; c'est par elle que nous devenons capables de servir nos amis, notre patrie; c'est elle qui nous soumet nos ennemis; elle enfin à qui nous devons nos plus grands avantages & la plus inaltérable volupté.

Voilà les fruits que nous offre la tempérance, & qui sont refusés à la débauche. Eh! n'est-il pas bien juste d'en être privé, quand on n'a rien fait pour mériter de les recueillir, quand on ne s'est occupé qu'à saisir de trompeuses délices qui viennent se présenter d'elles-mêmes?

Vous ne croyez donc pas, Socrate, qu'un homme qui se laisse maîtriser par les plaisirs des sens soit capable d'aucune vertu? — Et quelle différence mettez-vous, mon cher Euthydeme, entre le débauché & l'animal stupide? Comment distinguer de la brute celui qui, ne portant jamais ses regards vers le bien, ne cherche que la volupté, ne vit & n'agit que pour elle? Il n'est donné qu'à l'homme tempérant de difcerner ce qu'il y a de bien dans toutes les chofes, de les diftinguer entre elles par le fecours du raifonnement & de l'expérience, de faire toujours le meilleur choix, & de s'abftenir conftamment du mal. C'eft ainfi que fe forment les hommes honnétes, les hommes vraiment heureux, les feuls dignes de vivre avec leurs femblables.

X V.

Nous devons rapporter aufli comment il formoit fes amis à l'art de raifonner (1). Perfuadé qu'en voyant soi-méme les chofes comme elles sont en effet, on pouvoit aifé-

------

(1) Il paroît que les principes que fuivoit Socrate dans l'art de raifonner tendoient à s'approcher de la méthode de l'abbé de Condillac, l'un des philofophes qui, après

ment les faire connoître aux autres, il n'étoit pas surpris qu'avec des notions vagues & imparfaites on commençât par se tromper le premier, & qu'on entraînât les autres dans l'erreur. Aussi ne cessoit-il jamais de s'occuper avec ses amis de la recherche du vrai. Ce seroit un grand ouvrage de rapporter toutes ses définitions. Je me contenterai d'en insérer ici quelques unes : elles suffiront pour faire connoître sa maniere de considérer les choses.

Voici d'abord comme il envisageoit la piété. Dites-moi, mon cher Euthydeme, que pensez-vous de la

Locke, ait rendu le plus de service à l'esprit humain. Il n'a pas fait d'enthousiastes, parceque la justesse d'esprit n'en fait pas.

Tome II. S

piété ? — Que c'eſt la plus belle des vertus. — Pourriez-vous me dire quel eſt l'homme pieux ? — C'eſt, je crois, celui qui honore les dieux. — Eſt-il permis à chacun d'honorer les dieux à ſa fantaiſie ? — Je ne le penſe pas : il exiſte des loix qui doivent régler notre culte. — Celui qui obſerve ces loix ſait donc comment il faut honorer les dieux ? — C'eſt ce que je crois. — Et celui qui ſait comment on doit honorer les dieux ne croit pas qu'on doive leur rendre un culte différent ? — Non, ſans doute. — Il ne les honorera donc pas autrement lui-même ? — Je ne le crois pas. — Obſerver les loix qui doivent régler le culte, c'eſt donc rendre aux dieux un culte légitime ? — Aſſurément. — Et celui qui leur rend un culte légitime les honore comme ils doivent être honorés ? — Je n'en doute pas. — Et celui qui les honore comme il le doit est un homme pieux ? — Sans doute. —— Ainsi nous définirons l'homme pieux celui qui connoît & pratique le culte légitime que l'on doit rendre aux dieux. — Cette définition me paroît juste.

XVI.

Est-il permis de se comporter avec les hommes suivant ses caprices ? — Non vraiment ; mais celui qui connoît les loix que les hommes doivent réciproquement observer entre eux, a seul avec eux la conduite qu'il doit avoir. — Ce n'est donc qu'en observant ces loix qu'on pratique les devoirs de la société ? —

Comment les pratiquer autrement ?
— Et ce n'eſt qu'en les pratiquant
qu'on ſe conduit bien avec les hommes ?   Sans doute. — En ſe con-
duiſant bien avec les hommes, on
remplit bien toutes les fonctions
de la ſociété ? — Cela eſt clair. —
Et en ſuivant ces loix on obſerve
la juſtice ? — En doutez-vous ? —
Vous ſavez donc ce que c'eſt qu'on
appelle la juſtice ? — Ce que preſcrivent les loix. — Ceux qui font
ce que les loix ordonnent rempliſ-
ſent donc en même temps & les loix
& leur devoir ? — Cela eſt incon-
teſtable. — En obſervant la juſtice
on eſt juſte ? — Je le crois. — Penſez-vous qu'on puiſſe obſerver les
loix ſans ſavoir ce que les loix ordonnent ? — Je ne le penſe pas. —

Et ceux qui favent ce qu'il faut faire, croyez - vous qu'ils penfent ne le devoir pas faire ? — Ce feroit une abfurdité. — Connoifsez-vous des gens qui fafsent ce qu'ils croient ne devoir pas faire à aucun égard ? — Je n'en connois pas. — Ainfi quand on sait les loix qui doivent régler notre conduite envers les hommes, on obferve la juftice ? — Pourroit-on s'en écarter ? — Et en obfervant la juftice on eft jufte ? — Pourroit - on l'être autrement ? — Nous définirons donc le jufte celui qui connoît les loix qu'il doit ob-ferver dans fa conduite avec les hommes ? — Il me femble que c'eft ainfi qu'on doit le définir.

XVII.

Mais que dirons-nous de la

S iij

fagefse ? qu'eſt-elle ? Les ſages, dites-moi, le ſont-ils ſeulement dans les choſes qu'ils ſavent, ou peuvent-ils l'être même dans les choſes qu'ils ne ſavent pas ? — Ils ne peuvent l'être que dans ce qu'ils ſavent. Comment ſeroit-on ſage dans les choſes qu'on ignore ? — Ce ſont donc les lumieres qui conſtituent les ſages ? — Eh ! qui pourroit les rendre ſages ſi ce n'étoient leurs lumieres ? — La ſageſse eſt-elle autre choſe que ce qui rend ſage ? — Je ne le crois pas. — C'eſt donc la même choſe que la ſcience ? — Il me le ſemble. — Et croyez-vous qu'un homme puiſse tout ſavoir ? — Bien loin de là ; je crois qu'il ne peut ſavoir que bien peu de choſe. — Le même homme ne

peut donc être fage en tout ? — Il
s’en faut bien. — Chacun ne peut
donc être fage que dans ce qu’il fait ?
— C’eft ce que je crois.

XVIII.

VOULEZ-VOUS que nous recher-
chions de même la nature du bien ?
— Comment nous y prendrons-
nous ? — Croyez-vous que le même bien foit utile à tous ? — Je ne
le penfe pas. — C’eft apparemment
parcequ’un bien qui vous paroît
utile à l’un vous femble nuifible à
l’autre ? — Précisément. — Le bien
n’eft-il pas, à votre avis, ce qui eft
utile ? — C’eft cela même. — Ce
qui eft utile eft donc un bien pour
celui à qui il eft avantageux.

— N’en eft-il pas de même du
beau ? Quand vous parlez de la

beauté d'un corps, d'un vafe, ou de quelqu'autre objet, entendez-vous que cet objet foit beau pour quelque ufage que ce foit? — Non, fans doute. — Il eft donc beau feulement pour l'ufage auquel il doit fervir? — Afurément. — Ce qui eft beau sous un certain rapport d'utilité, le fera-t-il encore sous d'autres rapports? — Ce n'eft pas une conféquence. — Ainfi ce qui eft utile eft beau relativement à l'ufage auquel il eft utile.

XIX.

NE placez-vous pas le courage au rang des belles chofes? — Je le mets au nombre des plus belles. — Ce n'eft donc pas à de petites chofes que vous le croyez utile? — Je le crois du moins utile à tout ce qu'il y a de plus grand. — Il s'exerce au milieu des dangers & fur les chofes les plus terribles : mais eft-il bon de ne les pas connoître ces chofes terribles ? — Au contraire, il faut les connoître. — Ceux qui bravent les dangers parcequ'ils ne les connoifsent pas ne font donc pas en effet courageux ? — Ils ne méritent pas ce titre ; car il faudroit le donner à bien des fous, à bien des poltrons. — Et ceux qui craignent des chofes qui n'ont rien de terrible ? — Ils le méritent encore moins. — Vous appellez donc courageux ceux qui fe comportent bien dans les occafions périlleufes, & lâches ceux qui s'y conduifent mal ? — Pourrois-je les appeller autrement ? — Mais fe conduiroit-on bien dans ces occasions, sans être capable d'en tirer parti ? — Cela est impossible. — Quand on s'y conduit mal, c'est qu'on ignore le parti qu'on en pourroit tirer ? — C'est une conséquence. — Chacun se conduit donc comme il croit devoir le faire ? — Comment se conduiroit-on autrement ? — Ceux qui se comportent mal ne savent donc pas comment ils pourroient faire pour se bien comporter ? — Ils ne le savent pas. — Ceux qui le savent le peuvent donc ? — Ils sont les seuls qui le puissent. — Ils ne peuvent donc se mal conduire qu'en s'égarant de leurs principes ? — C'est ce que je pense. — Ce n'est donc qu'en s'égarant qu'on se conduit mal ? — Cela est vraisemblable. — Ainsi ceux qui savent

tirer un bon parti des occaſions dan-
gereuſes & terribles sont les hommes courageux; les lâches sont ceux
qui l'ignorent. — Je le penſe comme vous.

X X.

SOCRATE mettoit une grande
différence entre le gouvernement
monarchique & la puiſsance tyran-
nique. Il penſoit que, dans la mo-
narchie, les peuples obéiſsent de
leur propre conſentement à une au-
torité toujours conforme aux loix;
mais que, sous la tyrannie, ils ſe
courbent malgré eux sous le joug
d'un homme qui gouverne ſuivant
ſon caprice & ſans conſulter les loix.
Il appelloit ariſtocratie la république gouvernée par des citoyens qui
ne veillent qu'à l'obſervation des

loix ; plutocratie celle où dominent les citoyens qui ne doivent leur élévation qu'à leurs richeſses ; & démocratie celle où tout le peuple ſe partage la puiſſance.

XXI.

Sɪ quelqu'un ſe mettoit à le contredire, ſans avoir de bonnes raiſons à lui donner ; ſi, par exemple, on lui ſoutenoit, ſans aucune preuve, qu'un homme étoit plus ſage, plus ſavant dans l'adminiſtration de l'état, plus courageux que celui dont il venoit de faire l'éloge, il ne permettoit pas à ſon adverſaire de s'égarer, & ramenoit la queſtion aux premiers principes. Vous dites donc que l'homme que vous nous vantez eſt bien meilleur citoyen que celui dont je parle ? — C'eſt ce que je foutiens. — Voyons donc; ne faut-il pas examiner d'abord quel est le devoir d'un citoyen ? — J'y consens. — S'il s'agit de l'administration des finances, celui qui enrichira le plus la république ne l'emportera-t-il pas sur ses concitoyens ? — Cela est certain. — Et, dans la guerre, celui qui la rendra plus souvent victorieuse de ses ennemis ? — Sans doute. — Et, dans les négociations, celui qui lui ménagera plus habilement l'alliance des peuples qui combattoient contre elle ? — Je ne vous conteste pas cela. — Et, dans l'assemblée du peuple, celui qui saura le mieux appaiser les dissentions, qui ramenera le plus aisément la concorde ? — C'est ce que je crois.

Tome II.   T

C'eſt ainſi qu'en réduiſant les queſtions à leur plus grande ſimplicité, il rendoit la vérité ſenſible à ſes adverſaires.

Quand il vouloit établir un ſentiment, il procédoit par les principes les plus généralement avoués, perſuadé que c'étoit la méthode de porter la démonſtration juſqu'à l'évidence. Auſſi n'ai-je connu perſonne qui ſût mieux amener ſes auditeurs à convenir de ce qu'il vouloit leur prouver. C'eſt, diſoit-il, parcequ'Ulyſſe ſavoit déduire ſes preuves des idées reçues par ceux qui l'écoutoient, qu'Homere a dit de lui que c'étoit un orateur ſûr de ſa cauſe.

XXII.

JE crois en avoir dit aſſez pour

prouver que Socrate expofoit fes principes avec la plus grande fimplicité. Je vais rapporter maintenant combien il s'appliquoit à rendre fes difciples capables de bien remplir les fonctions qui leur convenoient. Je ne connois perfonne qui fe foit donné tant de peine pour bien juger les talents de ceux qu'il s'étoit chargé de conduire, pour favoir à quoi chacun d'eux étoit propre. Il leur enfeignoit, avec un zele infatigable, tout ce qu'il favoit de convenable à un homme bien né, & les adreffoit à des gens inftruits, pour qu'ils appriffent d'eux ce qu'il ignoroit lui-même.

Il ne négligeoit pas de leur montrer que, dans chaque fcience, il eft un point où il faut s'arrêter, &

qu'on ne doit pas franchir dans une éducation bien dirigée.

Qu'on apprenne, difoit-il, afsez de géométrie pour favoir, au befoin, mefurer exactement une terre qu'on veut vendre ou acheter, pour divifer en portions un héritage, ou pour diftribuer le travail aux ouvriers. Cela eft fi facile, ajoutoit-il, que, pour peu qu'on s'y applique, on ne fe trouvera jamais embarrafsé fur aucune mefure, & qu'on pourroit prendre les dimenfions de la terre entiere. Mais il n'approuvoit pas qu'on s'élevât jufqu'aux difficultés de cette fcience; &, quoiqu'il ne les ignorât pas lui-même, il difoit qu'elles pouvoient occuper toute la vie d'un homme, le détourner des autres études utiles, & qu'il n'en voyoit pas l'utilité (1).

Il vouloit qu'on sût afsez d'aftro-
nomie pour connoître, à l'infpec-
tion des fignes céleftes, les heures
de la nuit, les jours du mois & les
faifons de l'année; pour ne pas s'é-
garer en route, pour fe conduire
fur mer, & pour relever les fenti-
nelles : fcience fi aisée, ajoutoit-il,
qu'elle eft à la portée de tous les
chafseurs de nuit, de tous les navi-
gateurs, de tous ceux en un mot qui
veulent bien y donner quelque attention. Mais poufser cette étude
jufqu'au point de connoître les dif-

---

(1) Socrate méprisoit les difficultés de
la géométrie, des mathématiques, de l'af-
tronomie, parceque de fon temps on ne
les avoit pas encore afsez approfondies
pour en reconnoître l'utilité.

T iij

férentes orbites que décrivent les corps célestes, se consumer à chercher la grandeur des planetes & des étoiles, leur distance de la terre, leur marche & les causes de leurs révolutions ; c'est ce qu'il désapprouvoit fortement, parcequ'il ne voyoit à toutes ces spéculations aucune utilité. Et ce n'étoit pas par ignorance qu'il les méprisoit ; il en avoit même fait une étude assez approfondie : mais il ne vouloit pas qu'on perdît à des travaux superflus un temps qui pouvoit être utilement employé.

En général il condamnoit que l'on eût l'orgueil de se livrer à l'étude du ciel, & de vouloir pénétrer les œuvres des dieux. Il ne pensoit pas que les hommes pussent découvrir ces secrets, & il croyoit même qu’on ne pouvoit, sans déplaire aux dieux, sonder les mysteres qu’ils n’ont pas daigné nous manifester. S’abandonner à ces sublimes spéculations, c’est risquer, disoit-il, de se perdre dans toutes les folies d’Anaxagore, qui fit sa principale étude d’expliquer les opérations des dieux sur la nature. Quand Anaxagore disoit que le soleil est la même chose que le feu, il ne connoissoit donc pas même le feu, que les hommes peuvent regarder impunément, tandis qu’ils ne sauroient fixer l’éclat du soleil ; il ignoroit donc que le soleil noircit la peau, & que le feu ne produit pas cet effet ; il ne savoit donc pas que les productions de la terre ne reçoivent la vie & l’accrois-

sement que des rayons du soleil, &
qu'au contraire la chaleur du feu les
détruit. En disant que le soleil étoit
une pierre enflammée, il n'avoit
donc pas remarqué que les pierres
exposées au feu ne donnent pas de
lumiere, & sont bientôt calcinées,
tandis que le soleil, toujours inaltérable, brille toujours d'un nouvel
éclat.

Il conseilloit l'étude de la science
des nombres ; mais il recomman-
doit, comme pour les autres sciences, de ne point s'engager dans la
solution de vains problêmes qui ne
satisfont que la curiosité. Il exami-
noit lui-même jusqu'à quel point
toutes les connoissances pouvoient
être utiles, & c'étoit souvent le sujet
de ses entretiens avec ses amis.

Il les exhortoit fortement à ne pas négliger leur santé, & à consulter là-dessus des gens instruits : il les engageoit sur-tout à bien observer, dans tout le cours de leur vie, quels aliments, quelles boissons, quels genres d'exercice leur étoient les plus convenables, & quel emploi ils en devoient faire pour conserver la santé la plus parfaite. Il assuroit qu'en se conduisant avec cette prudence, on trouveroit difficilement un médecin qui sût mieux que soi-même ce qui convient à sa propre santé.

Si quelqu'un vouloit s'élever au-dessus des connoissances humaines, il lui conseilloit de s'appliquer à la divination. Quand on connoît, disoit-il, les signes que les dieux nous donnent de leur volonté, on ne manque jamais de recevoir leurs avis.

XXIII.

MAIS il difoit qu'un génie lui montroit, par des fignes certains, ce qu'il devoit faire, ce qu'il devoit éviter ; & cependant il a été condamné à la mort ! Ofera-t-on pour cela le foupçonner de menfonge ? Obfervons d'abord que fon âge ne lui promettoit plus que bien peu de temps à vivre, & que fa condamnation n'a guere devancé le terme naturel de fes jours ; qu'il n'a perdu que la portion la plus pénible de la vie, que celle où l'efprit éprouve toujours quelque affoiblifsement. Il a donc peu perdu : mais il s'eft couvert de gloire en déployant toute la vigueur de fon ame, en défendant sa cause avec toute la force de la vérité, de la justice & de la liberté, en recevant l'arrêt de sa mort avec autant de douceur que de courage. On convient qu'aucun homme dont on ait conservé la mémoire n'a mieux soutenu les approches de la mort.

En effet, il fut obligé de vivre encore trente jours après sa condamnation : les fêtes de Délos tomboient précisément dans ce mois, & personne ne peut être puni de mort que le vaisseau sacré ne soit revenu de cette isle. Tous ceux qui le virent pendant ce délai reconnurent qu'il n'avoit rien changé à sa maniere ordinaire de vivre. On admiroit son inaltérable sérénité, la gaieté même de son humeur, & on le mettoit au-dessus de tous les hommes des siecles passés. En effet peut-on mourir avec plus de constance ? peut-on avoir une plus belle fin ? & la fin la plus belle n'est-elle pas en même temps la plus heureuse & la plus agréable aux dieux ?

XXIV.

JE vais placer ici ce que je tiens d'Hermogene, fils d'Hipponique. Mélitus avoit déja porté l'accusation contre Socrate, & ce sage s'entretenoit de tout autre chose que de son procès. Vous devriez bien vous occuper de votre défense, lui dit Hermogene. — Eh quoi ! répondit Socrate, ne voyez-vous pas que je m'en suis occupé toute ma vie ? — Comment cela ? — En ne faisant autre chose que considérer ce qui est juste ou injuste; en observant toujours la justice, en fuyant toujours l'iniquité. Aurois-je donc pu méditer une plus belle défense? — Mais ne voyez-vous pas, mon cher Socrate, que les juges d'Athenes ont déja fait périr bien des innocents, & qu'ils ont absous bien des coupables? — Que vous dirai-je? j'ai déja voulu, mon cher Hermogene, m'occuper d'une apologie que je prononcerois devant mes juges; mon génie m'en a toujours détourné. — Ce que vous dites m'étonne. — Pourquoi s'étonner, si les dieux jugent qu'il est avantageux pour moi que je finisse? Ne savez-vous pas que, jusqu'au moment de mon accusation, aucun homme n'a mieux vécu, n'a vécu plus agréablement que moi? car je crois qu'on ne peut mieux vivre qu'en cherchant à devenir meilleur; ni plus agréablement, qu'en sentant qu'on le devient en effet. C'est un bonheur que je n'ai cessé d'éprouver jusqu'à présent, & dont je me suis rendu témoignage en interrogeant ma conscience, en fréquentant les autres, en me comparant avec eux. Mes amis m'ont jugé comme moi; & je ne puis croire que ce soit par un aveuglement de tendresse, car tous les amis porteroient le même jugement sur ceux qu'ils aiment : non, mes amis ne se sont pas aveuglés, mais ils ont cru qu'ils devenoient eux - mêmes meilleurs dans mon commerce. Que gagnerois-je à vivre plus long-temps? J'éprouverois peut-être tous les maux qui accompagnent la vieillesse : mes oreilles s'affoibliroient aussi-bien que mes yeux; mon intelligence perdroit chaque jour de sa force ; chaque jour je deviendrois plus incapable d'apprendre & de retenir ; & les facultés dont j'ai le mieux joui seroient les premieres dont on me verroit privé. Si je n'avois pas alors le sentiment de toutes ces pertes, ce seroit avoir déja cessé de vivre; &, si je pouvois les sentir, je traînerois la vie la plus triste & la plus malheureuse.

Mais je mourrai injustement! Eh bien! la honte en retombera sur les auteurs de ma mort. Y aura-t-il donc quelque honte à moi d'avoir été mal connu, d'avoir souffert une injustice ? Je porte mes regards sur l'antiquité; & je ne vois pas que la même renommée se partage entre les auteurs & les victimes de l'injustice. Non, sans doute, les hommes, après ma mort, n'auront pas les mêmes sentiments pour Socrate & pour ses bourreaux. Ils rendront toujours témoignage que je n'ai jamais fait injure à personne, que je n'ai rendu jamais aucun homme plus méchant, & que j'ai travaillé constamment à rendre meilleurs ceux qui m'ont fréquenté.

Voilà ce qu'Hermogene & plusieurs autres ont entendu de sa bouche.

X X V.

Tous ceux que leurs penchants entraînent au bien & qui ont connu Socrate le regrettent encore, parcequ'ils trouvoient auprès de lui les plus grands secours dans la recherche de la vertu. Je l'ai bien connu : je l'ai vu tel que je l'ai dépeint ; si religieux, qu'il n'osoit rien entreprendre sans un avis du ciel ; si juste, qu'il ne s'est jamais permis de faire le moindre tort à personne, & qu'il faisoit le plus grand bien à tous ceux qui recherchoient son amitié ; si tempérant, qu'il ne préféra jamais ce qui paroissoit le plus agréable à ce qu'il croyoit le plus honnête ; si prudent, qu'il ne se trompoit jamais entre le bon & le mauvais parti : il n'avoit pas besoin pour cela de consulter les autres ; il n'avoit qu'à suivre le sentiment exquis auquel il se laissoit conduire. Enfin capable d'éclaircir les plus grandes difficultés,

de donner, des choses les plus ab-
struses, les définitions les plus clai-
res; habile à connoître les hommes;
toujours prêt à les reprendre de leurs
fautes, à les porter à l'honneur & à
la vertu : tel m'a paru Socrate, &
c'est dire assez qu'il étoit le meilleur & le plus heureux des humains.
Que ceux qui ne seront pas de mon
sentiment comparent les mœurs des
autres hommes à celles de Socrate,
& qu'ils le jugent.

F I N.

APPROBATION.

J'ai lu, par ordre de Monseigneur le Garde des Sceaux, les ENTRETIENS DE SOCRATE PAR XÉNOPHON, qui m'ont paru présentés ici d'une maniere digne de ce célebre Moraliste; & je crois qu'on peut en permettre l'impression.

A Paris, ce 4 Janvier 1784.

GUYOT.